日本の大学総長制

島田次郎著

中央大学学術図書
67

中央大学出版部

装幀　道吉　剛

まえがき

本書は、大学の総長制に関係する既発表の四つの論稿で構成されている。まずそれらの執筆の経緯や、視点について述べたい。何分にも十年間にわたって、公表したものであり、四つの章の構成関係など細部については、重複をさけて「例言」に示した。あわせて参照されたい。

本来、日本中世史、とりわけ中世荘園制と村落史を専門分野としてきた私が、なぜ縁の遠い「大学の総長制」問題に取り組むようになったか、あげれば次の三点である。

一つは、大学教師として二十数年間にわたって、これを生業としてきた著者が、それが一体何であったか、について常日頃考え続けていた。研究と教育の最高学府である大学と、そこで働くことを生き甲斐としてきた自分の半生を重ねあわせたとき、その思いは痛切となった。その上で「大学とは何か」ということを、改めて考えるようになったということである。

二つめには、以上のことと関連するが、一九七〇年代の終わり頃中央大学では、その百年史編纂事業が始まり、その際に自ら進んで史料委員、編纂委員に加わった。かつ執筆にあたっては、同僚とりわけ若手を含めた近代史の研究者の諸兄に助けられ、学んだことが大きかった。それによって、専門分野の研究者でない歯痒さを、どれだけ乗り越えたか、はかりしれないように思う。

さらに、重要なことは、この二十余年間に『中央大学百年史』編纂と刊行は、終わりに近づいていたが、その間に「大学」とは、あるいは大学の本質とは、その頂点に立つ総長、学長制の成り立ちと、その役割や実際の中に示されるものではないか、という直観が徐々に仮説となり、さらに問題提起になると確信したことであった。

以上が本書執筆の著者の初心であり、研究の動機である。『百年史』の編纂では、「総長制度」の項目に限って執筆させて頂いたのも、その点に配慮してくれた百年史編纂委員会専門委員会のおかげである。勿論その『百年史』の執筆部分は、これまでの研究のごく一部の成果にすぎない。したがって、関係するその他の殆どすべての論稿を、本書に収めることにした。

このように私には不慣れな主題の、かつ拙い書物ではあるが、それ故に予想できなかったほどの、多くの方々からの恩恵を蒙った。中央大学の関係者の各位をはじめとして、国内の主要な国公私立の諸大学の、とくに年史編纂や広報担当の方々には、直接参上して、あるいはその他の方法で、資料の提供をうけ、さらに教示を賜った。ここに改めてお礼を申し上げる次第である。

二〇〇六年三月三十一日

著者

例　言

一、本書は一九九六年三月から、二〇〇五年一〇月までの間に公表した四編の論稿を、改めて編集収載したものである。

一、全論文を、次の二つにわけて構成した。

第一部　国立及び私立大学の総長、学長制に関するもの（第一章、第二章）

第二部　中央大学の総長を中心とするもの（第三章、第四章）

一、既発表の論稿を収載するに当たって、次の㈠、㈡の二点について補訂をした。

㈠　文意をより明確にするために、叙述を改め、字句を補った所があるが、それによって原文の主旨をそこなわないように努めた。

㈡　文章の表現の統一を図って、数字の表記、図表の整備、字句の補正を行ったところもある。

一、発表時以降、とくに制度などについて二〇〇六年二月末現在で変更のあった点で、論旨に著しい影響にある場合は、本文又は補注で説明を加えた。但し、中央大学以外については、現行の規定と掲げることができなかったので、発表時のままとした。

一、章別にみると、それぞれの章の論旨を生かすために、同じ事実の叙述が重複する箇所が二、三あるが、出来るだけ初出時の原形を残した。

一、成稿初出一覧表は、巻末に付した。

日本の大学総長制――目　次

第一部　国立、私立大学の総長制

周知のように学校教育法には総長の名前は見られず、学長が「校務を掌り、所属職員を統督する」(1)ことになっている。にもかかわらず、戦前はもとより同法が施行された一九四七年以降においても、これ又周知のように大学総長は存在している。それはなぜか。又いったいどのような経緯によって現在のような「総長制」が生まれたのであろうか。更に又如何なる事情があってそれが維持されているのであろうか。いわばこのような非制度的でありながら、かつ慣行的な実態を持つ機構の、すべてを解明することは極めて困難である。けれども総長制の始源ともいえる東京帝国大学をはじめ、広く旧帝国大学や、私立の諸大学の例をみてゆけば、ある程度それを明らかにしうるのではないか。のみならず、国・私立をとわず、大学の「総長」制度と、その実態にはらまれている問題点は、わが国の大学制度や、研究教育機構そのものの歴史的特質を、端的に示すように思われる。

以下の第一章・第二章では、国立大学及び私立大学を個別的にとりあげて検討する。

第一章　国立大学の総長制度

第一節　国立大学総長制の成立

私立大学例えば、中央大学の総長制の発足について、次のような指摘がされている。(2)

一九四九年二月・三月に新制大学の設置許可を受けたあと、同年三月二十四日の評議会で、突如として「学長を総長と改称する」という決定が行われた。この決定がどういう事情や経過の中で、どのような機関によって行われたかは必ずしも明らかではない。（中略）僅かに『中央大学新聞』（第二八三号、一九四九年四月二〇日）の第一面に、「学長を総長に」という見出しの「四月一日から工学部の新設によって面目を一新、総合大学として発足したので従来の学長を総長に改めた。加藤総長談……従来の法・経・商の三学部の他に工学部を新設することになりたる故、これに適応し従来の学長を総長に改めたのである」というきわめて簡単なかこみ記事が掲載されているのみである。そして一九四九年四月一日からの新制大学発足以降、従来の加藤正治学長は加藤正治総長として行動するようになった。このような呼称の変更は東大・京大や早稲田大学・明治大学その他の有力私立大学で用いられていた呼称についてのひそみにならったものと推測される（下略）

この指摘の文章だけについてみれば、すぐに幾つかの疑問が浮かぶ。

一、まず、なぜその施行わずか一週間前の評議会において、突如として決定されたのだろうか。前記のようにこの時既に大学の校務統括者の肩書きを「学長」に統一した学校教育法が公布されたばかりであるから、まことに不審な決定というべきではないだろうか。

二、次に工学部の新設→既存の三学部から四学部へ＝「総合大学」化、即ち同じ複数の学部であっても、法・経・商では総合大学としなかったのに、理科系とはいいながら、工学部一つ加わっただけの複数学部を、なぜ突然総合大学とみなすようになったのか。かりに一歩譲って文科系、理科系の二つ以上の複数学部の大学が、総合大学と呼ばれるとしても、その長の学長を改めて総長と呼ばれなければならない理由は何か。端的にいえば、学長と総長の大学組織機構上の位置づけ、権限の違いは何かということになるであろう。勿論当時は問題になってはいないが、それは学長の他に総長を置くとしたら、両者の関係如何という問題に転化することはいうまでもあるまい。

三、更に気になるのは、「従来の加藤正治学長は加藤正治総長として行動するようになった」とあるが、内容が変わらないのに名前をかえても「行動」の実際が変わるわけではあるまい。とすれば一般的に考えられることは名称変更によってどのような社会的影響乃至はイメージを期待したのかということになるであろう。

以上の三点は、とりあえずこの説明の文章に対してわいてくる疑問である。それらについて直ちに解明することはむずかしい。しかしながら、私立大学の総長制成立原因について既に常識化していると思われている点を、この文の中では一つの「推測」として次のように述べている箇所に注目したいと思う。

即ち「東大」以下の諸大学で用いられていた「総長」という「呼称についてのひそみにならったものと推測される」と述べている点がそれである。まことに言い得て妙な表現だと思う。「ひそみにならう」という言葉はともかくとして、それが必ずしも推測にとどまらないことは、総長制の本家たる東大以下国立大学の例をみてゆけば、明らかにしうることである。

1　東京帝国大学（東京大学）

いうまでもなく、今日の東京大学の前身が東京帝国大学であるが、一八七七(明治一〇)年の創立の時には、「東京大学」と称した。[3] その長は「綜理」といって二人任命された。当時は四つの「学部」があって、学部長はおらず二人の綜理がこれらの学部を統括していた。即ちひとりは法学・理学・文学の三学部の長で「法理文三学部綜理」、もうひとりは「医学部綜理」であった。前者には加藤弘之、後者には池田謙斎が就任した。この二人の綜理が、全学合わせてひとりの長つまり「東京大学総理」に生まれかわったのは、創立五年目の一八八一(明治一四)年における大規模な改革の結果であったという。加藤弘之が初代の「総理」である。

なぜ「綜」の字を使ったのかわからないし、又どうして綜理が総理にかわったのかも明らかではない。[4] この総理が三転して「総長」になったのは、一八八六(明治一九)年の「帝国大学」[5] の発足による。「綜理」から「総理」へ、さらに「総長」へという、僅か四、五年間に三度も呼称をかえるのは、いかに新政府といえ、異常ではないか。この時に既に制度化していた内閣制度の首班である内閣総理大臣の名称や、その略称「総理」の号との混同を避ける、といった配慮ではなかったかと思われる。とすれば、何故帝国大学「学長」とせずに、「総長」としたのかということになろう。

当時の官制の中で、管理の最高責任者の名称は一般に何であったか、参謀総長（一八八九年）、検事総長（一八九〇年）等の肩書きが、その時の帝国大学「総長」の名称を先例としたのか、否か、推測すれば多様であろうが、ただ

「学長」を名乗ることだけはできなかった。何故なら新しい帝国大学令では、従来の学部がそのまま分科大学（法科大学、医科大学、工科大学、文科大学及び理科大学）となり、それぞれの大学に学長が置かれるからである。（但し法科大学長は、総長の兼任）

そこでこの五つの分科大学と一つの大学院を更に「総轄」する帝国大学の長に「総長」の名称が与えられた、と理解できる。この時点で東京大学に、なぜ地域名を削って単に「帝国大学」と名乗らせたか、これも明らかではないが、既に政府刊行物には「日本帝国統計年鑑」（一八八二年）の名がある。また「日本帝国」を政府が対外的に自称するのは、帝国大学令公布よりかなり早い時期であった。(6)

それではこの総長の地位や権限はどうか。寺崎昌男氏は「『文部大臣ノ命ヲ承ケ』という文言が示すように対文部省権限は弱かったが、対学内の権限は強大なもののようにみえた。(7)」と述べている。彼らの選任は、綜理・総理時代以来一貫して政府の手によって行われたことでも明らかなように、国家権力に対して弱かったとしても、対学内的には強大であったはずである。寺崎氏の「強大なもののようにみえた」というのは歯切れが悪いが、その後の「帝国大学」史の中で、総長権限が例えば京大「澤柳事件」でみられるように、その人事権等の上で後退していった歴史、言い換えれば大学自治の発展過程とみるならば、その歯切れの悪さも容易にうなずけよう。

しかしながらこの時の帝国大学総長には、一年余りの僅かな期間ではあったが、今日の我々には想像を絶するような隠された権限を与えられていたのである。それは初期の大学教育史の中で周知のことに属するが、(8)以下で必要な限り触れておきたい。

当時勿論大学は、東京大学一校だけであるから、京都に帝国大学が設立される一八九七（明治三〇）年までは、帝国大学といえばこの「東京にある帝国大学」に他ならない。したがってこの時点では、全国で唯一の大学であるとともに、政府は当時すでに開校して教育活動を行っていた私立の法律学校に対しては、帝国大学「総長」（渡辺洪基）を通じて特別の権限を持たせようとする意向があった。改めてこの帝国大学令の第六条をみると

第六条　帝国大学総長ハ文部大臣ノ命ヲ承ケ帝国大学ヲ総轄ス其職掌ノ要領ヲ定ムルコト左ノ如シ
第一　帝国大学ノ秩序ヲ保持スル事
第二　帝国大学ノ状況ヲ監視シ改良ヲ加フルノ必要アリト認ムル事項ハ案ヲ具ヘテ文部大臣ニ提出スル事
第三　評議会ノ議長トナリテ其議事ヲ整理シ及議事ノ顚末ヲ文部大臣ニ報告スル事
第四　法科大学長ノ職務ニ当ル事

とある。総長が文部大臣の命を受けて「帝国大学ヲ総轄ス」るというその権限の内容は、帝国大学の「秩序ヲ保持スル事」や、その「状況ヲ監視シ云々」したりすること等のことをさしている。その限り条文上明白であるが、政府はこの条項をもって総長の総轄の範囲を、他の私立法律学校に拡大しようとしたのではないだろうか。それを推測させる関連の法規がこの帝国大学令の発令即ち、東京の「帝国大学」に総長が出現した直後（五ヶ月余の後）に文部大臣森有禮の達として出された「私立法律学校特別監督条規」(9)である。明治二〇年前後の憲法制定をはじめとする諸法典整備のため、緊迫した政治状況の下とはいえ、異常にして強引かつ露骨な教育政策と言わなくてはならない。そこで帝国大学総長の名前で行われたこれらの諸法律学校への調査監督の実態を、若干紹介しておきたい。

まず文部大臣が選んだのは当時五大法律学校と呼ばれた私立の専修学校（専修大学の前身　以下同じ）、明治法律学校（明治大学）、東京専門学校（早稲田大学）、英吉利法律学校（中央大学）、東京法学校（法政大学）の五校である。(10)その文

部大臣通達は次の通りであった。(11)

東京府

総一七九七号

本年八月二十五日附ヲ以テ　訓令ニ及ビ候旨ニ依リ　今般其ノ府下ニ設置ノ専修学校　明治法律学校　東京専門学校　東京法学校　英吉利法律学校ノ五校ヲ　特ニ帝国大学総長ヲシテ監督セシメ候条　此旨相心得該五校へ相達スヘシ

文部大臣　森　有禮

明治十九年十一月二十九日

森文相はこの通達とともに、既に帝国大学へ送達していた前記の私立法律学校特別監督条規を、東京府を通じて各校に送った。(12)それは全部で八ヵ条からなっており、次のような調査監督内容が示されていたのである。

一、この特別監督を受けることとなった学校は、文部大臣が東京府下で適当だと認めた私立法律学校であること。(第一条)

二、入学資格、修業年限が規定され、教授科目（フランス法律科、ドイツ法律科、イギリス法律科ごとに学年別に詳細にわたってその内容）が決められた。（第二条）

三、監督される五校（以下、諸校と略称する）には、帝国大学総長が選んだ法科大学教員を監督委員に割り当てられ、平常時や試験の時にその監督をうけることになった。（第三条）

四、諸校の「校主」（校長）は、毎月三日までにその月の課業時間割表を帝国大学に提出する。（第四条）
五、諸校の校主は、その学校で定期試験を行う時は少なくともその三日前までにその科目と時間割表を、またその実施後二週間以内にその成績表を作成して、帝国大学に提出する。（第五、六条）
六、諸校の卒業生で帝国大学総長が優等と認めた者は、さらに法科大学における一定の試問を経て、その合格者に「及第証書」を交付する。（第七条）
七、帝国大学総長は監督委員の報告によって、諸校の校主に学科課程、教授法等の改正を「諭告」する。（第八条）

これを見る限り当時の帝国大学総長は、本来なら全く所管関係にない私立の諸校に対して、その教育内容をはじめとして教育方法・教育成果に至るまで詳細に把握し、更に進んでそれらのすべてについて、これを規制しようとしていたことは明らかであろう。このような監督が行われるに至った理由については、『中央大学七十年史』は「府下における私立法律学校は次第に増加する一方で、中にはずい分いかがわしい内容のものもあった」から、それを「単純な監督というよりは、育成の意味を含んだもの[13]」としている。勿論「育成の意味」もあったであろうが、それだけでは一面的な評価であろう。むしろ「育成」に乗じた監督であり、これを以て「日本の法学教育史にのこる監督事業であり、憲法制定を前にした政府が法学教育の帝国大学独占をねらっていた[14]」とする指摘の方がことの真相をついている。

この条規は僅か一年八ヵ月余り後の一八八八年五月に廃止された。今その直接の理由を明らかにすることはできないが、政府にとってみればその法学教育「育成」や、「独占」が急に不必要になったとは考えられない。それに代わる何らかの措置、手段がとられたものと考えられる[15]。

短期間ではあったにせよ、この条規は具体的にどのように実施されたであろうか。それがこの際問題である。いわば創始期における帝国「大学総長」像、もしくは総長の地位権限の原点は如何にということになる。

まず前記の三についてみると、専修学校・英吉利法律学校担任に法科大学教授穂積陳重、東京法学校に同教授木下広次、明治法律学校に同教授富井政章、東京専門学校には同助教授土方寧がそれぞれ監督委員を命ぜられ、監督委員長は穂積が兼任した(16)。穂積、土方の両人は、前年九月の英吉利法律学校の開校当時すでにその創立委員一八人の中に加わっていた(17)。土方は監督担当は東京専門学校であったが、翌八七(明治二〇)年一月再び英吉利法律学校に出講した。これらの人事許諾には勿論時の帝国大学総長渡辺洪基が関わっていたのである(18)。

二に関しては入学資格として必要な普通学科の国語、漢文、地理、歴史の授業内容について学校から監督委員長に問い合わせがあって、それに穂積は答えている(19)。

五の条項も行われ、例えば八七年二月には翌月施行の学期試験の時間割が校長増島六一郎から、監督委員穂積に届け出されている(20)。六についても八七年一〇月—一一月に被監督五校の優等卒業生六七名が、この特別監督条規第七条によって試験(口述試問、試験委員は法科大学教官で、諸校監督委員)を受け、その内一八人が合格している(21)。

以上のような具体的な実施状況をみれば、この条規が形式的なものではなく、帝国大学総長の権限が一帝国大学の枠を越えて、日本帝国内の主要な私立法律学校のすべてに及んでいたことは明らかである。勿論その地位は「帝国」権力＝明治政府を背景とし、その選任に依ってのみ可能であったのである。「自律性」autonomieかつ「自主性」autokephalieに基づく総長選挙によることなしには、このような権力支配の鎖は断ち切れないだろうし、学内ですら研究教育の自由は保障されないことはいうまでもない。

東京大学で教員による総長選挙が最初に行われたのは、一九一八(大正七)年七月であって、この時山川健次郎が教授全員の選挙で選ばれている(22)。それは日本の大学自治の歴史に一つの画期を成すものといってよいと思う。そこに至るまでには学内人事をめぐる内外の事件とともに、大学制度自体の度重なる改革が行われてきたことを忘れてはならないであろう。その概要については、ある意味ではそれらに深い関わりをもっていた京都帝国大学総長の事件があるので、改めて次項でとりあげたい。ここでは、第二次大戦後の新制大学の学制のもとで、その呼称の公的制度的根拠が失われたにもかかわらず、なぜ東京大学に「総長」の呼称が残されたか、について一言しておく必要があると思う。

一九六〇（昭和三五）年前後では、東京大学内で総長、学長の双方の呼び名が併用されていたという。[23] この頃学内に大学制度審議会が設けられて大学制度の改革や、これまでの慣行の見直しが論議された。総長制についてはその選出方法は「相当慎重な審議を行った」が、その呼称についてはこれまでの学内の決定を継承して総長の呼び名を存置したのである。右のこれまでの学内の決定とは、一九四七（昭和二二）年三月二五日の同大学評議会における「総合大学の長は総長と称すべきこと」、四九（昭和二四）年七月四日の東京大学新大学制実施準備委員会の記録に「新制大学の長は英訳の関係から学校教育法では一様に『学長』としているが、総合大学の長は総長の名を用いたいと会長（筆者注当時の総長は南原繁）より提案、了承された」こと、その後開かれた七帝国大学総長会議でも総長の名を存置することを申し合わせたこと、等を指している。[24]

以上の経過からいえば、「総合大学であるから」と「これまでの慣行だから」という二つが、総長名存置の理由のすべてである。新制になってから所謂旧七帝大以外の国立大学で、総合大学の形をとる大学が多くなっているが、それらのすべては「学長」制である。とすれば総長名存置の残された理由は、ただ一つ「これまでの慣行」ということになるであろう。したがって総長か、学長かが、旧七帝国大学と、それ以外の国立大学との区別をとともに、旧帝国大学たる格差意識が暗に示されている。

大学自治の歴史上においては、慣行のもっている意味は、極めて重要なことは後にも述べるが、この場合はどのように評価できるであろうか。強いていうならば公法上の規定にとらわれず、その大学固有の制度や、職名呼称を維持しようとするのは、アカデミックフリーダムのようにみえて、却ってその実体を見失っているといえよう。かつての「帝国大学総長」（上述のような「文部大臣ノ命ヲ承ケ帝国大学ヲ総括ス」る総長）の再現や、かの天皇統帥権下の参謀総長に比定を意図するのでない限り、その呼称の持つ実質的な意味はなくなったからである。まさか、ということがあるなら、なおさらである。そこに私立大学の総長制の実態と、あわせて考えることが、極めて重要となってくるのである。

2　京都帝国大学（京都大学）

帝国大学総長が日本の大学の近代化、或いは大学の自治確立の歴史上において、如何なる役割を果たしてきたであろうか。結論的にいえばある時期までは、諸刃の剣のような矛盾した立場にあり、したがって又そのような役割を演ぜざるを得なかったと思う。

ある時期とは一八九〇年代から一九一〇年代の初めの頃即ち、明治の中頃から大正初年に至る二〇年程の間である。京都帝国大学（京都大学、以下では京大と略称する）が、東京にある帝国大学（以下、東大と略称）に対して、これに競学の風を起こすことを期待され二番目の国立総合大学として設立されたのは、一八九七（明治三〇）年のことである。この後に引き起こされた二つの事件即ち東大の「戸水事件」と京大の「澤柳事件」は、その限りでいえば帝国大学総長のかかる立場を象徴するような事件であった。

この両事件をそのような「総長」問題の側面から分析するためには、やはり前記の一八八六（明治一九）年以後における改正された帝国大学令を、その観点に絞って検討しておく必要がある。

一八八六年以後の改正で重要な点は、九三(明治二六)年の帝国大学令の改正であることもよく指摘されている。[25] その注目すべき改正点は、①総長には制限付きながら教職員人事に関する権限が与えられたこと ②評議会の権限規定(学科の廃置、講座の種類についての諮詢等他)が明確化し、その範囲が大幅に拡大された ③分科大学の教授会が明文化され、その審議事項も明記されたこと ④その他講座制、名誉教授制の新設等であった。この改正帝国大学令及びこれに伴って制定された帝国大学官制は[26]、これまでの大学制度の法的不備を補填するというような消極的なものではなく「憲法制度と大学行政制度との調和を図る」ために、「一面では大学側の自治要求をすくいとると同時に、他面、これを帝国憲法秩序の中にくみ込む」といったこの時の文相井上毅の意向を反映したものであったといわれている。[27]

その当否については今検討するいとまはないが、それをおくとしてもこれらの帝国大学令、帝国大学官制によって「戦前日本の大学管理制度の原型」[28]が成立したといってもよい。けれども大学管理制度の原型とは、別の視点からみればそれは同時に大学自治制度発展の起点であるといわねばならない。例えば前記の京大設立後の一九〇三(明治三六)年—〇六年の東大戸水(七博士建白)事件、一三(大正二)年—一四年の京大澤柳事件、一八(大正七)年東大総長公選の実現、さらに一九(大正八)年の大学令の公布等々は、この大学管理と自治とのあざなえる縄のような歴史の展開を示すと考えられる。

そこで以下においてこのプロセスを、最もラディカルな形で進めた京大を中心に、かつ総長の地位・権限に焦点をあてて検討しよう。

一八九七年に創設された京大に適用された法令は、前記の九三年の改正帝国大学令であった。それとともにこの新「帝国大学」のために新たに京都帝国大学官制が(同時に旧帝国大学官制は東京帝国大学官制と改められて)制定された。

これらの二法によると前記のように京大総長には東大総長同様、制限付きながら教職員の人事権が与えられている。

今この点について法文に則してみれば、総長の職務は「帝国大学ヲ総轄シ帝国大学内部ノ秩序ヲ保持ス」（明治二六年八月一〇日改正　勅令八二号　帝国大学令第五条）とされている。この「総轄」や、「内部ノ秩序ニ保持ス」るとの文言は抽象的であるが、大学の教職員との関係でみると「文部大臣ノ監督ヲ承ケ帝国大学令ノ規定ニ依リ京都帝国大学一般ノ事ヲ掌リ所属職員ヲ統督ス　総長ハ高等官ノ進退ニ関シテハ文部大臣ニ具状シ判任官ニ関シテハ之ヲ専行ス」（明治三〇年六月一八日　勅令に二一一号　京都帝国大学官制第二条）となっている。これまでの旧帝国大学令等にくらべてみれば、その職務の内容とりわけ人事権について明確化されたといえるであろう。[29]

「制限付ながら」というのは、総長が京大を「統督」するに当たり、文部大臣の監督を承けることをはじめとして、高等官（助教授以上）の進退については文部大臣に対して具状権（事の次第を具体的に記すとともに、任免・昇降任について具申し、上司の命をまつ）を持ち、それ以下の判任官については専決権があるとした規定の部分を指している。総長に認められたこの時の具状権を、大学自治の歴史上どのように評価するか、について意見が分かれるところである。[30]即ちそれは旧帝国大学令（一八八六年、明治一九年）以前にすでに東京大学の長（綜理または総理）に付与されていた具状権の復活にすぎないとするか、或いは以前の具状権は、上司の文部大臣（当時は文部卿）の任免権を制約するような実質をそなえておらず、これに対して新令の総長具状権は実質的な職権であったとするか、である。

私見では前述のように大学自治の歴史上、この段階においては総長のおかれた立場やその果たした役割からいって、彼らは矛盾した二つの面を持っていたと考えるものである。このことは総長個人の個性によっては、若干の振幅があること及びその個性の相違によってもたらされる結果を評価すべきであることは当然であるとしても、その立場や役割についての大枠の評価は変わらないと思う。その点は二つの事件、即ち戸水事件・澤柳事件に際して東大及び京大

（それぞれの総長と教授達乃至教授会）がどのように対応したか、について検証することが必要である。したがって次にこの両事件についてその経過や概要について述べるとともに、それらに関わりあるその他の事件或いは問題に触れておこう。

「戸水事件」とは一九〇五（明治三八）年に日露講和交渉過程において、政府の方針を対露強硬論を展開して反対した東京帝国大学法科大学教授戸水寛人が休職処分をうけ、これに抗議した東大・京大の教官等の行動や、新聞雑誌等の世論の批判も加わって、ついに時の文部大臣久保田譲を辞職させ、逆に戸水教授を復職させた事件のことである。[31]即ちそれは「大学側の勝利に終」わり、[32]「大学自治の原則を貫くことができた」[33]と一般に評価されているのである。この評価については基本的に異論はない。しかし無条件にそのようにいえるかどうか問題である。ここではまずこの事件における東大総長の立場とその行動について、とりわけ前記の具状権をめぐる問題をとりあげるとともに、この事件に関わってきている学問の自由、大学の自治の限界乃至はその歴史的性格も考えておきたい。

以下では詳細な経過は省いて、必要な事実だけ述べるが、この事件は「七博士意見書」、或いは「七博士建白書事件」[34]ともいわれるように、戸水を含めて七人（時期により人に出入りあり、学習院教授も含まれることもあった）の東大教授が関わっている。彼らは日清戦争後の政府の外交路線に対して、一九〇〇年以来これに反対し対露強硬論を唱えて桂首相に建白し、大いに世論を喚起するところがあった。そのため日露開戦前の〇三（明治三六）年には政府・文部大臣は山川健次郎東大総長を通じて戸水等に対して慎重な行動をとるよう警告を出している。にもかかわらず彼の教授等は活動を続け、とりわけ戸水はポーツマス講和会議直前の〇五（明治三八）年七月一〇日付け『外交時報』誌上に「媾和ノ時機果シテ至リタルヤ」という論文を発表して政府の方針に過激な反対の論陣を張った。この論文発表をその契機として、同年八月二五日文官分限令第一条第四項（「官庁事務ノ都合ニヨリ必要アルトキ」）により、戸水は東大教授を休職させられた。しかしこの処分を不当とし、教授言論の自由や学問の独立を主張する政府への抗議運動は、東大京大の教授会を中心に一挙に活発化した。石田雄によれば「帝国大学教授たちは」「この（国民の中に広まってきた）『屈辱講和反対』の通俗的愛国心の支持の下に一致して文部大臣に迫ったため」桂内閣は苦境に陥ったという。(35)

この時別の意味でジレンマにあったのは天皇の官吏であり、且つ学問の自由の頂点たるべき「東京帝国大学総長」山川健次郎であった。彼は具状を行うことなく文相の意見を容れた責任を感じて辞表を提出した。(36) 山川は文相の戸水教授休職内示についいて、官制に規定されている総長の職権として具状することが必要であった。具状するとすれば休職理由の不当性についても、又教授発言の自由の問題からみても、又一方教授会の意向を代弁すればするほど、文相の指示に反対せざる得なかったに違いあるまい。ジレンマにおかれる二面性を持つが故に、却って文相に反対具状する行動もあり得た、（したがってそれ故に総長を、依願によらず免職される可能性もあった）という山川総長に対する厳しい批判が当時からすでにあったのである。(37) 先に述べたように後に教授全員の選挙によって初めての公選「東京帝国大学総長」となった程の山川のことであるから、「具状権不行使責任」の本音は「反対具状」しなかったことをむしろ教授会に対して感じた責任ではなかったであろうか。

この間京都帝国大学法科大学でも織田萬学長以下教授・助教授等があげて抗議書及び勧告書を文相に送り、戸水の復職と文相の辞任を勧告している。最初の抗議書は木下広次総長の手を経て文相に送られ、文相はこれを拒否して差し戻したため、再度の勧告書となったのである。(38) 総長及び法科大学長の見識もさることながら、発足してわずか十年たらずの同大学教官達の結束とその行動は注目に値する。

既に八月末に提出されていた山川の辞表は、その年の末受理され一二月四日に「依願免官」が発令された。そこで局面が一挙に急展開するのである。この時の東大全学あげての抗議行動は未曾有のことであり、おそらく空前絶後の事件ではなかったかと思われる。なお曲折はあったが詳細は省く。「一二月一一日文部大臣久保田譲が辞表を提出するに至って、ようやく事件は解決した」[39]のである。

この事件の政治的役割については多く語られており、改めて述べない。ここではとりあえず次の二点を指摘しておきたい。

その一つは既に石田雄が指摘していることであるが[40]、戸水事件は帝国大学教授（東大・京大に限る）という身分特権と結びついた「部分的な自由乃至権利の主張」をめぐって争われたが、それ自身としても十分に貫徹し得なかったとする点である。「むしろ部分的たることをやめる――すなわち特権たることをやめて――という全体制的な自由への展望を含んだものでない」から、「国体」や天皇制に関わる学問、思想言論の自由にまでその権利主張をするものではなかった[41]。又大学の自治を守るといっても（京大教授団の積極的な支援にもかかわらず）守ったのはその限られた枠の中での「東大の自治」にすぎなかった[42]。とすれば大学の自治をめぐる対立に限るにしても、「政府の完敗」「大学が勝利した第二次大戦前における唯一の事件」[43]とはいえないであろう。ただつけ加えることができるとすればそれは「部分的な自由」の確保にすぎないとしても、その実現つまり政府の譲歩を勝ち取るためには、いわゆる世論に支持（戸水事件の場合、「通俗的愛国心の支持」）が必要であったということであろう。このことは歴史的にみてこの事件が果たした政治的役割をさしおくとすれば、「部分的」から「全体制的」へ展開する条件または一つの方向を示すではないかと思われるのである。

もう一つの点はこれまでみてきたように、山川の総長辞任の理由にあげた具状権不行使が提起した問題についてである。それは大学自治の根幹にある教授の進退任免に関して総長は如何なる権限を持つべきか、あるいはどのような立場に立つべきか、という問題であり、いずれの帝国大学（といってもこの時期では他には京大だけしかなかった）でも直面していた共通の問題であった。上記のように戸水事件においてもなおそれは不明確不徹底であったから、その後明治末年から大正初年にかけて大学自体「部分的」自治の限界と不安の中にあったといえるであろう。

一九一三（大正二）年から翌年にかけて生じた澤柳事件は、(44)正にかような状況の下で起こるべくして起こった事件ともいえよう。事件の概要は次の通りである。この年の五月に文部省の人事異動があり、東北帝国大学総長澤柳政太郎が京都帝国大学総長に就任し、かねてからの京大改革案を早速実行に移した。そこですぐ問題になったのは医科大学（一人）、理工科大学（五人）、文科大学（一人）の教授七人に対する辞表提出要求と、その提出による依願免本官の発令であった。免官の理由は「学問上、人格上、帝大教授として不適」だというのであるが、実際は「諭旨退職だという批判」が当たっているとされた。(45)しかしこの措置に真っ先に反対し、以後この運動の主導権を握ったのは法科大学教授会であった。その反対理由は、澤柳総長の免官理由そのものよりは、教授の任免は教授会の同意が必要であり、それが「既ニ一箇ノ不文法」であるにもかかわらず、これを無視した「総長ノ専断」こそ排除すべきだとする。つまり免官理由よりも免官の手続をまず問題としているのである。その上で「学者ノ能力ト人物トハ一ニ其学識ノ優劣ト其研究心ノ厚薄トニ見テ之ヲ判定セサルヘカラス是レ同僚タル学者ヲ待テ始メテ為スコトヲ得ルモノ」であって、その評価については総長よりも教授会に断固たる客観性があると主張している。(46)

これに対して澤柳の主張は、現行制度（即ち前記の京都帝国大学官制第二条の総長具状権）の下では教授の任免について予め教授会の同意を得る必要はないとした上で更に次のようにいう。「大学教授ニ重シトスル所ハ主トシテ学問ニ在リト云フト雖其品性行動ニ於テ大ニ議スヘキモノアランカ蓋シ大学教授タルノ資格ニ於テ欠クモノナリ」と教授の人格論にも触れているが、その本音は学問と制度の関係にあるとするわけであって「大学教授ノ信望権威ハ制度上其地位ノ保障アルニヨリテ保持セラルルモノニアラスシテ能ク第一流ノ学者タル実ニ存ス」のであるから「若シ研究ヲ粗漫ニスルモノ」例えば「精神上身体上等ノ故障ニ由リ研究心漸ク衰ヘ努力モ亦学術ノ進歩ト副ハス学問上進境ヲ見ルナキニ至」ったような教授は「潔ク職ヲ退イテ後進ニ譲ランコト学問ノ為ニ大学ノ為ニ敢テ希望スル」と答弁している。(47)

以上のようにみてくると、両者が二つの点で対立したことは明らかであろう。第一は教授の人事について文字通りの制度規定をとるか、それともその運用の慣行に従うか、であり、第二は大学の自浄作用、自己改革についてはその必要性及び外部からの干渉を排除することではほぼ一致しても、これを推進する主体を総長とするか、教授会とするか、という点では対立している。これまでの諸研究では、第一点については大学の自治という側面から大きくとりあげられているが、第二点についてはその後半の対立点とともに、その前提条件である前半の共通点を含めて統一的にとりあげて評価することが不十分であったと思う。(48)この点については後に改めて述べたい。ともあれ京大の改革はまず教授の新陳代謝の推進から始めるといった路線の実現に急な澤柳にとって、教授会の自己変革など殆ど信用できなかったのではないか。(49)

問題発生以来五ヶ月余り、上記のようなとりわけ両者の対立の集約点となる第一点をめぐって交渉が続けられた。なお若干の曲折もあるが、それらは省いて以下においては行論に必要な限り記す。翌一九一四(大正三)年一月に至って交渉は決裂し、教授会側は「澤柳の態度は誠意に欠ける」(50)として教官(教授、助教授)全員「連袂辞職」を決定し、辞表を総長に提出した。その翌日には総長も又辞表を書き、全面対決となった。東大法科大学の教授等も京大法科支持に立った。(51)東大の教授等の推薦で調停に当った穂積陳重、富井政章の両氏(共に東大名誉教授)が動き、この二人に上京した京大法科教授一同と澤柳総長及び奥田義人文相の加わった協議が行われた。(52)その結果次のような文言を骨子とする合意の「覚書」が作成され、文相の同意を得て公表された。即ち「教官ノ任免ニツキ、総長ガ其ノ職権ノ運用上、教授会ト協定スルハ差支ナク、且ツ妥当ナリ」とあるのがそれである。文中の「協定」とは「同意を経る」と同義であることを協議出席者一同は了承している。したがって「事件は解決」した。(53) 教官等は辞表を撤回し、澤柳総長はその約三ヶ月後に辞任した。勿論事件の発端となった七人の教授は「依願本免官」であるからその復職はなかったのは当然であるが、ここで確認しておく必要はあると思う。

この事件の結果、法令上（「京都帝国大学官制」明治三〇年六月一八日　勅令二一一号）具状権（事実上の人事決定権）を持つ総長は、「教官の任免にあたっては教授会との協定が差支え」無いばかりでなく「妥当である」(54) こととされ、これを文部省に承認させることになった。このことは総長が教授会との人事に関する協定を尊重する慣行形成の画期的な第一歩というべきであって、京大教授会（法科大学教授会が中心）の果たした役割は大きかったことはいうまでもない。

しかしながらこの事件には、もう一つの重要な問題が含まれていることを忘れてはならない。この事件はたしかに大学の自治のために教員の自律・自主的な活動の範囲をその研究教育のみならず、その身分保障にまで広げなければならないことを明確にしたが、その反面では大学＝教員集団は大学に課せられた社会的要求、即ち高い研究教育水準を維持するために、個別的のみならず組織的にどのようにして取り組むべきか、という課題を提起していることである。流れる水は澄み、止まる水は濁るのたとえのように、そこに必要とされるのはいわゆる大学の「自浄」努力であろうが、それを組織的、集団的に行うことは自律・自主的活動を建前とする教員集団にとって容易な問題ではない。大学側におけるきびしい認識と、宏遠且つ現実的な展望に基づいた学内外の世論の形成なしにはそれは不可能であろう。大学改革が提起される契機や問題点は、何時の時代でも単純かつ明快のようであっても、それが実現し制度化される過程は、長くかつ困難なことが多いのはそのためである。

この一九一〇年代に当時の帝国大学、即ち創立三六年目の東大、同じく一六年目の京大（発足三年目の東北大学もあったが）に、どのような自浄努力を行う必要性或いはその可能性があったか、具体的に明らかにすることは不可能であろう。この段階における自浄作用とは、大学自治の拡大努力にありとすれば、京大総長澤柳の七教授免官は、官選総長として、「上から」その自浄努力を促進させたものともいえるであろう。それと同時に教授会側が結果的に七教授免官を認めたことで、教授人事権における大学自治の拡大とひきかえに、皮肉にも自らの自浄機能を総長に引き渡すことになったともいえるのではあるまいか。(55)

第二節　旧七帝国大学時代の総長制

前節で指摘したように日本における大学の管理制度の原型は、すべて東京大学（帝国大学）のそれに求められるといわれている。(56)その管理制度の頂点にある総長制は、歴史の浅い大学ほどその運営上の問題点や、制度と慣行との矛盾をあらわにしてきた。前述のごとく京都大学の澤柳事件は、そのような事情を端的に示すものであろう。同時にそれは日本の大学史における学問の自由や、大学の自治に深く関わっていることはいうまでもない。

そこで以下、その後の総長問題について東京、京都以外の東北・九州・北海道・大阪・名古屋の各帝国大学の事例等をとりあげ、関連する事件などにも触れて、「帝国大学」総長制の特質と私立大学総長制との関係を展望しておきたい。

1　帝国大学総長の制度的地位

「国立大学に『総長』復活」という見出しの記事が、某週刊誌上に載せられたのは去る九二年五月のことである。[57]一九四七年の学校教育法制定以来、公式にはその名称が消えているはずの総長を、引き続き名乗っていたのは東大であり、京大・阪大がそれにならっていたが、九一年から九二年春にかけて東北大、九州大、名古屋大で「総長」が復活し、続いて残っていた北大も同年七月それまでの学長呼称を改めて、総長を名乗ることになったという。[58]

ここに至って七大学すべてが四七年まで（帝国大学時代）は使用していた総長名を、復活させたということになった。その理由はともかく、きっかけはこの七大学が定期的に開いている学長会議の席上で、総長、学長を混在させるより総長に統一したら、という提案が出たからであるともいわれている。[59]その真偽は定かではないが、学長で統一せずに総長としたことに、その改称の理由が判然としている。それは東京大学の項ですでに述べたからくり返さない。ただそれが七帝国大学時代の特権意識に支えられていることは明らかである。

この点を念頭において、次に東北大学以下五帝大について、それぞれの創設、初代総長、公選総長を略記しておく。[60]なお叙述の都合上、既述した東大、京大の例も併せて掲げる。

（以下各大学すべて「帝国」の称を省く）

	創立（官制制定）年月日	初代総長	公選総長	同　年　月
東京大学	明治一九（一八八六）年三月一日	渡辺洪基	山川健次郎	大正七（一九一八）年七月
京都大学	明治三〇（一八九七）年六月一八日	木下広次	荒木寅三郎	大正四（一九一五）年六月

東北大学　明治四三(一九一〇)年一二月二一日　澤柳政太郎　小川正孝　大正八(一九一九)年六月
九州大学　明治四四(一九一一)年三月三〇日　山川健次郎　大工原銀太郎　大正一五(一九二六)年三月
北海道大学　大正七(一九一八)年四月一日　佐藤昌介　南鷹次郎　昭和五(一九三〇)年一二月
大阪大学　昭和六(一九三一)年四月二八日　長岡半太郎　真島利行　昭和一八(一九四三)年二月
名古屋大学　昭和一四(一九三九)年三月三〇日　渋沢元治　勝沼精蔵　昭和二四(一九四九)年七月

公選というのは、官選即ち政府（文部大臣＝任命権者）による直接任免と区分し、学内選考によって学内学外に候補者を求め、教職員の投票などを経て任免する選考方法をさす。このリストを見る限り、七大学はともに初代の総長はすべてが官選であった。(61)

一方公選といっても、戦前において任命権者は文部大臣であり、勅任官であって「天皇の官吏」であることには一般の官吏と同様であった。従って明治憲法の下、大学の総長といえども「天皇の任命大権」下におかれるのであって、その公選は「任命大権の侵犯」であるということが公然と主張され（軍隊における「統帥権の干犯」のごとく見られ）ていた。(62)

例えば一九三八(昭和一三)年七月、当時軍部の後押しで文部大臣になったばかりの陸軍大将荒木貞夫が、大学側におしつけてきた改革案の中心は、大学の管理問題とりわけ総長の任免以下、学部長・教授・助教授の選考問題であった。それは「官選」総長の強要であり、文部大臣荒木が大学から人事権を奪回しようという企てである。従来の慣行、即ち東大では前掲のリストにみるように一九一八年以来行われてきた総長の公選をはじめ、学部長などの選挙は、前記のような「天皇の任命大権の侵犯」であるという荒木文相の思想に基づくとされている。しかしこの改革案は失敗した。東大を中心とする六帝大（名大はこの時は創立以前）が結束して強硬に抵抗し、「結局文部省の要求を実質的に骨抜きにすることのできる妥協案」[63]によって、一件は落着し、これまでの慣行としての公選人事権を維持することができた。

この事件と経過については、相反する評価があるが、次の事実に注目したい。改めて先のリストを見ると、いずれの大学においても初代の総長は、選任の経過にそれぞれ多少の違いはあるが、すべていわゆる官選である。創立当初はまだ教授会が構成されていないから公選に至らなかったし、その任期も決まっていないのが普通であった。しかし公選の条件が整った筈の二代目総長選任の場合でも、いずれの大学も公選ではなかった。最も早く総長公選を実現したのは、前記のように京大の五代目総長の荒木寅三郎の時であって、創立後一八年後の一九一五年である。東大の公選総長の最初は京大に遅れること三年の一九一八年（創立後三一年後）の山川健次郎であった[64]。

京大がその創立の古い東大に先んじて公選を実現し得たのは、いうまでもなく澤柳事件のおかげである。それより後発の東北大以下の五帝大が、初代官選総長から公選のそれに移行する期間が、九年乃至一五年と短くなったのも、京大の先例の影響が大きかったと考えてよかろう。名大の場合は戦後の教育民主化、とりわけ一九四九年の教育公務員特例法に基づくものとしても、それ以外の六帝大では戦前、戦中に総長以下の公選人事権は慣行や内規として定着し、大学（とりわけ「帝国大学」）の自治の梃子となっていったといえよう。

しかしながらこれらの公選によって総長以下の教員（国立大学では「教官」というが、以下一般的な名称たる教員を用いる）の人事権を運営する慣行は、あくまで慣行であり内規にとどまっていて、ついに制度化されなかったという事実も、改めて注意する必要がある。この点からいえば前記の荒木文相の「大学改革案」[65]の根底にある「大学の内規は法令に何ら根拠がないから、総長以下の公選は認められない」といった主張は、かような制度と慣行の矛盾をついたものである。したがって荒木文相案は、後退したといわれるけれども、状況或いは時代によっては慣行や内規は無視され、政府文部省の意向通りに人事が決定されることがあったのである。よく知られているように、その典型的な例は京大滝川事件（一九三三年）である。[66]この事件の問題点については後に述べることがあるが、ここではその前提を探るため、総長制を中心に、制度（法律）と慣行との矛盾について若干の検討を加えておきたい。

まず明らかなことは、国立大学（帝国大学など旧制の大学を含む）の総長以下教員の公選制人事権の制度的確立は、一九四九（昭和二四）年一月の教育公務員特例法の制定をまたなければならなかったことである（同法第四―一二条）。それは東大（帝国大学）官選の初代総長就任から六三年経ており、京大総長公選から数えても三五年目にあたる。

次に総長に関する最初の規定は、一八八一（明治一四）年で、加藤弘之が初めて「東京大学総理」となった時に定められた(A)「東京大学職制」[67]であって、とくに官選の規定はない。以下(B)京都帝国大学官制　一八九七（明治三〇）年、[68](C)帝国大学官制　一九四六（昭和二一）年[69]を掲げて対照してみよう。（傍線は筆者、以下同じ）

(A)　東京大学職制（一八八一年）

総理

文部卿ノ命ヲ奉シ大学ノ事務ヲ総理ス

大学及大学予備門職員ヲ監督ス

大学及大学予備門職員奏任以上及判任助教授教諭及助教諭ノ進退黜陟ハ之ヲ文部卿ニ具状シ其他ノ判任以下ハ之ヲ専行ス

事故アルトキハ奏任以上ノ職員ヲシテ其事務ヲ代理セシムルコトヲ得

（下略）

（B）

京都帝国大学官制（一八九七年）

第一条　京都帝国大学ニ職員ヲ置ク左ノ如シ

総長（中略）

第二条　総長ハ一人勅任トス文部大臣ノ監督ヲ承ケ帝国大学令ノ規定ニ依リ京都帝国大学一般ノ事ヲ掌リ所属職員ヲ統督ス

総長ハ高等官ノ進退ニ関シテハ文部大臣ニ具状シ判任官ニ関シテハ之ヲ専行ス（下略）

（C）

帝国大学官制（一九四六年）

第一条　帝国大学ハ左ノ如シ

東京帝国大学

京都帝国大学

東北帝国大学

九州帝国大学

北海道帝国大学

大阪帝国大学

名古屋帝国大学

第二条　帝国大学ニ左ノ職員ヲ置ク

総長

教授
助教授
文部教官
文部事務官
文部技官

第三条　総長ハ一級ノ文部教官又ハ文部事務官ヲ以テ之ヲ充ツ文部大臣ノ監督ヲ承ケ帝国大学一般ノ事ヲ掌リ所属職員ヲ統督ス
総長ハ一級官吏及二級官吏ノ進退ニ関シテハ文部大臣ニ具状シ三級官吏ニ関シテハ之ヲ専行ス
（下略）

Ⓐでは東京大学総理となっているが、先に述べたようにこの五年後の一八八六（明治一九）年には「帝国大学総長」となり、一八九三（明治二六）年の帝国大学官制では、Ⓑの京大の官制と殆ど同内容の総長規定が定められた。というよりこの帝国大学官制にならって、Ⓑの京大の総長規定が生まれたのである。前記のリストのように京大以後に設立された東北、九州、北海道、大阪及び名古屋の諸帝大の官制もこれをほぼ引き継いで制定され、総長に関するそれぞれの官制第二条の規定に至っては、その固有名詞を除けば全く同文である。

Ⓒは敗戦後一般の官吏の官名や等級名称が変わり、それに対応して法文が整備改正されたものとみられる。この改正によってこれまでの七帝大の官制はすべて廃止された。この翌年即ち四七（昭和二二）年の学校教育法と、四九（昭和二四）年の教育公務員特例法及び国立学校設置法の制定によって、このⒸもまた廃止されている。

以上の経緯をふまえて(A)、(B)、(C)の各条文を、傍線の部分に注意してみよう。これを見る限り帝国大学の成立（一八八一年）から、その解体（一九四六年）に至る六五年の間、その総長並びに総長を中心とする大学の自治に関する法律上の規定は改訂されておらず、したがってその制度的保障は全くなかったといえるであろう。即ち総長は官選であれ、公選であれ、法律上は文部卿の命若しくは文部大臣の監督をうけ、教授以下の奏任官、高等官若しくは一級二級官吏の任免に関する具状権を持ち、又判任官若しくは三級官吏任免の専行権を有する、という点は少なくとも一貫していたのである。くり返すようであるが、先述の澤柳事件の際の「教官ノ任免ニツキ、総長ガソノ職権ノ運用上、教授会ト協定スルハ差支ナク、且ツ妥当ナリ」との覚書（一九一四年）に基づいた慣行や内規が、事実上行われていたにもかかわらず、それらは法的には全く認められなかったとしなければならない。

2　帝国大学総長制の役割

先に述べたが、戦前における公選人事権の慣行や内規としての定着を、そのままわが国における学問の自由や、大学の自治の実質的な確立を意味しているか、ということになるとやはり多くの疑点が残るのは当然であろう。(70)澤柳事件以後、戦後の教育の民主化以前における諸事件、諸問題を検討していくならば、そのことは一層明らかになるはずである。今その点をいちいち詳細に検討することはできないが、列挙すれば

(一)　東大森戸辰男事件（一九二〇年）、
(二)　京大同志社大社研弾圧事件（一九二五年）、
(三)　三・一五事件及び東大大森義太郎、京大河上肇、九大向坂逸郎、同石浜知行、同佐々弘雄事件（一九二八年）、
(四)　京大滝川幸辰事件（一九三三年）、

㈤　天皇機関説（美濃部達吉）問題（一九三五年）、
㈥　東大矢内原忠雄事件（一九三七―三八年）、
㈦　人民戦線第二次検挙学者グループ（東大大内兵衛他二人、法政大美濃部亮吉他二人、東北大宇野弘蔵他一人）事件（人民戦線事件と略称する）（一九三八年）、
㈧　荒木文相の大学改革案問題（一九三八年）上述、
㈨　東大河合栄治郎事件及び平賀譲総長の「粛学」（一九三九年）、
㈩　早大津田左右吉事件（一九四〇年）、

などである。(71)

この中には大学の自治とは直接的な関係の少ない事件もあるが、学問研究や思想表現の自由からみて、決して見逃せない問題を含んでいることはいうまでもない。(72)

ここでは、家永三郎の指摘のように「形式的にみれば教授の人事権は侵害されず、大学の自治は維持されたかの如き外観が保たれてい」るにもかかわらず、実際にはまさにその「大学の自治」を守るという名目によって「学問の自由の侵害という悲劇的(73)」であり、かつ逆説的な事態が進行していたとすれば、本稿においてはとりわけその過程において、帝国大学総長がどのような役割を果たしていたか、について述べることが必要であろう。

その典型的な例は、㈠の森戸辰男事件、㈢の河上肇事件及び㈨の平賀「粛学」事件であろう。勿論その他の諸事件の中にも、大学の管理機関（評議会、教授会）等を通じて大学自らが自主的規制を行い、或いは大学外からの圧力を黙認して、結果的には研究教育の自由を侵害することになった例もあるわけであるが、それらについては必要に応じてふれる。また㈣の滝川事件は「政府の一方的措置をもって」行われた「形式・実質両面にわたり大学自治の直接侵害

の典型的な実例」[74]とされたが、その点についても再検討してみたい。

(一)　東大森戸辰男事件

事件の概要は以下の通りである。[75]一九一九年一二月に東大助教授森戸の論文「クロポトキンの社会思想の研究」が『経済学研究』創刊号に掲載された。その内容は帝政ロシアの有名なアナーキスト、クロポトキンの無政府主義的共産主義についての研究で、六五頁の長論文であった。これが「朝憲を紊乱し社会の公安を害する記事」（第一回公判検事予審決定書）[76]であるとされて起訴された。最終的には、同年一〇月に大審院判決があり、新聞紙法四二条違犯という理由によって有罪が決定し、森戸は三ヶ月の刑に服した。[77]

澤柳事件以来確立されたかにみえた大学自治の慣行下に、最初に行われた学問研究の自由侵害事件である。というのは起訴される以前に、既にこの事件は政治的社会的イデオロギー抗争の手段化され、研究若しくは論争対象から意図的に外されて、学界からこれを抹殺する結果をもたらしたからである。刑事事件化とその有罪判決は、慣行に対する法規制の当然の措置を意味するとともに、それが学問の自由であろうが、大学の自治であろうが、容赦なく蹂躙することを示した。ファッショ化した権力の学問弾圧に違いないが、これにもう少し立ち入って検討しておきたい。

この当時即ち一九一七―九年は、ロシア革命の成功と第一次世界大戦後の社会主義的傾向も含んだ世界的なデモクラシー思想が拡大し、日本も所謂「大正デモクラシー」現象が盛んに現れるに至った。例えば「黎明会」（森戸もその会員の一人）、「東大新人会」等の知識人や学生らの思想、運動団体の活動、ジャーナリズムの面での進歩的傾向を代表する雑誌「太陽」、「改造」の創刊などがある。これに対して政府（原敬内閣）は早くから帝国大学令を改正して、その中に国家主義的教育の方向を示し（一九一八年の大学令一条）[78]、これに呼応するように東大法学部教授上杉慎吉の指導する国家主義的学生団体興国同志会が組織され、彼らはその機関誌「戦士日本」で活動していた。このような政治的状況且つ思想的対立のもとで、森戸論文が公刊されたから、早速興国同志会がこれをとりあげて公然と非難し、森戸排斥運動を展開した。それは公刊当日に始まったとされ、一方政府＝文部省の対応も早く、数日ならずして雑誌の発売禁止と、議会での政治問題化を東大当局に示唆してきた。

そこで問題としたいのは、この際に総長以下大学当局は、一体どのような対応をしたか、という点である。当時東大総長は、先に述べたように初めての公選によって就任し、二年目を迎えたばかりの山川健次郎であったのは、まことに皮肉である。つまり慣行上の大学自治を守るため、総長具状権を唯一の法的根拠として、異なった次元からの法執行という攻撃に対して闘わねばならない立場になったからである。総長山川はみずから、或いは金井延経済学部長等を介して直接、間接に森戸と交渉し、「書き方悪しく」「以て無政府共産主義を主張するものと誤解する向も有之候やに承り遺憾に存候云々」（山川発案）といった覚書への署名や、或いは辞表の提出を求めたが、いずれも説得できなかった（森戸は結局みずからの学問的良心を貫き、発表責任を全うした）。そのため論文公表後一ヶ月もたたない一月一〇日の経済学部教授会に総長も出席して審議し、森戸処分について六対一（出席教授七名）でその休職を議決した。

文部省はその結果をうけ、同日付けで森戸休職を決定し、検事局は直ちに彼を起訴した。その後の経過は前記の通りである。この事件は澤柳事件以降の大学自治慣行を擁護できるか、否かの試金石となる最初のケースであった。[80]したがって当時においても、[79]またその後の時点とりわけ戦後の今日に至るまで、多様な意見や評価が示されている。それらは他に譲り、ここでは省く。

(二)　京大河上肇事件

この事件はその一ヶ月前の一九二八年の三・一五事件から連動してきている。この年の三月一五日、政府は日本共産党とその支持者等一六〇〇名を、全国一斉に検挙した。その検挙された者の内、学生、卒業生、学連（学生社会科学連合会）関係者が二百名近くいたという。(81)文部省はこの事件の直後、各大学総長を召集して被検挙学生等の処分、社会科学研究会の解散とともに、「左傾教授」の追放を強く要請した。この時それぞれの総長や学部長等を通じて辞職を強要されたのは、東大の大森義太郎助教授、京大の河上教授、九大の向坂逸郎、石浜知行、佐々弘雄の三教授であり、いずれも結局自発的な辞職の形をとった。

いずれにせよそれは文部省＝政府当局による「帝国大学」からのいわれのない追放である。したがって「それにもかかわらず、各大学総長はじめ大学当局は、『大学の独立』の体裁をとりつくろうことを考え、いかにも大学自身の処分であるかのような欺瞞的な方法を講じた」(82)といっても過言ではあるまい。というのは大森にしても、又向坂等にしても彼らが自発的に辞職したのは、総長や学部長、或いは学部教授会等が立場上苦境にあることを考慮した上での決断であって、自らの非を認めたからでも、ましてや学問上の責任を自覚したわけでもない以上、これをもって大学の自浄作用というには程遠いからである。このような慣行と制度との、更には総長や教授会の矛盾を最も明確に示したのが河上事件であった。

河上の場合は、文部省の要請をうけた京大総長荒木寅三郎が、経済学部教授会にはたらきかけ、河上の知らない間に教授会で「総長が河上教授の辞職を要求するの理由に同意するものではないが、教授の自発的辞職を要求することに異議をいうものではない」といった決議（その通りだとすれば、極めて曖昧で不可解な内容といわざるをえない）をとった上で、何知らぬ顔して河上を大学に呼び出し、その理由をあげて自発的な辞職を要求した。その際総長等（この時荒木総長に同席して説得にあたったのが同じ経済学部の最古参教授の神戸正雄）のあげた理由とは三つあって、河上の文章や演説の不穏当な内容、及び河上指導下の社会科学研究会員から三・一五事件の被検挙者を出したことであった。その時は教授会の決議を知らなかったので河上は、この理由にならない理由と、総長の背後にある権力（文部省）の意向に反対して直ちにこれを拒絶したが、その日の午後にほかからその教授会の決議をきき、自ら辞表を出して京大を去った。「経済学部自体がすでにさうした決議を行った以上、大学の自治を主張し来った私としては、その理由の如何を問わず、之に従うべきであると信じたからである」というのが河上の辞職理由であった。この時のことを河上は後に回顧して、「（その日の午前中）荒木も神戸も、友人として話すといふことを強調し、教授会の決議などおくびにも出さなかったのは、それだけのことで私が辞表を出せば、教授会の決議も表面へは出ず、誰も責任を負はずにすむ、と思ったからなのであった。総ては自己の責任回避が主眼である」(83)と述べているが、それはまことに事の真相をついているというべきである。

㈢　東大平賀粛学問題（河合栄治郎事件）

粛学とは学内自主的粛正（粛清）のことであろうが、粛正の「正」は正す、「清」は政治的粛清の意味に理解され、反対分子の排除のことをさす（三省堂『大辞林』、小学館『日本国語大辞典』）。この場合は勿論前者の意味に使われたに違いない。しかし大学自治にとってその実態からいえば、粛正というより粛清に近いのではなかろうか。即ち、ファシズム批判を恐れる当時のファシズム権力から、大学自治を守るという名目で、その障碍となる当の『ファシズム批判』他三著書の著者河合栄治郎を、その著書故に東大総長平賀譲等が大学から排除するに至った事件だからである。したがってこの問題は「河合栄治郎事件」といった方が、反面の事実を示している。但しここでは総長問題に焦点をあてているので、便宜的に慣用語を用いる。

事件の発端は、一九三八(昭和一三)年二月(この年の七月に前述の荒木文相の大学自治改革提案事件が起こっている)に、前掲の人民戦線事件で「学者グループ」の一人として経済学部大内兵衛教授が検挙され、それを契機として同教授の休職問題が教授会内部で審議されたことにある。この時学部内の一方のグループ「革新派」(土方成美他)は休職処分を主張し、他方のこれに反対するグループには河合教授等が加わって対立した。学部内のファシズム勢力(前者)と、自由主義勢力(後者とりわけ河合氏は、国家権力のファシズム化に対して最も勇敢に批判を展開していた。[84])との派閥抗争であるかのような形を示していたが、結局処分提案は五対六で否決された。しかし河合はとくに学外(軍部や「右翼」)から厳しく非難され、同年一〇月にその著書(上記の他、『改訂社会政策原理』、『時局と自由主義』、『第二学生生活』)が、出版法一九条[85]によって発禁処分なると、河合自身の処分問題が東大当局におしつけられることになった。

当時の総長は同じ年の一二月に選出されたばかりの先述の平賀譲(工学部長、工学博士、高名な海軍造船中将)であったが、彼は田中耕太郎法学部長等の進言もあって、河合氏の学説著書の検討のため特別委員会を学内に設け、法・経両学部長及び両学部の評議員等六人(法学部＝田中、神川彦松、我妻栄、経済学部＝舞出長五郎、上野道輔、森荘三郎)を委員として検討させた。その結果委員会は三九年一月に「学説の中身は、非国家的でもなければ共産主義的でもない」し、「教授として不適格とは考えられない。」「しかし表現に穏当を欠くものがある。[86]」といった内容のことを答申した。「しかし」以下の文言は、河合学説の本質的評価ではありえず、いわば条件的副次的なものにすぎない。したがってその限りでは誰しも河合の辞職には及ばないと思うのが自然であろう。にもかかわらず平賀はこの答申をふまえて先ず河合に辞職を勧告し、拒否されると更に七学部長にはかり、経済学部の内部紛争の責任問題も含めて両派の責任者河合及び土方に辞職勧告を行った。これも拒否されると、平賀は経済学部教授会に審議させることなく、二人の休職処分を荒木文相に具状した。その理由は河合に対しては著書の表現に穏当でない箇所があること、及び学部内紛争の責任者であることの二点、土方については紛争の他の一方の責任者という点にあった。

一月下旬から二月中旬にかけて二人の休職処分はきまり、これに抗議して両派の教授四人、助教授・講師・助手等九人の計一三人が辞表を提出した。助教授以下に対する平賀の慰留もあって、実際に辞職したのは教授の四人及び助手一人であった。その後平賀が代わって経済学部長事務取扱となり、学部再建につとめたという。「再建」されたその後の東大経済学部の学問の傾向や水準はどうなったかについていえば、少なくともファシズム的傾向がつよまり、自由主義思想が抑圧された限りにおいて、研究教育の自由がなくなったというべきであろう。(87) またこの「粛学」は、次に述べる滝川事件直後におこった前述の荒木文相「大学改革案」（総長官選案ほか）の当事者である荒木貞夫の、二度目の文相就任時期に重なっていたが、これも注目すべきことである。

(四)　京大滝川幸辰事件

これまで述べてきた三事件の当事者である山川、荒木、平賀の三総長に比較すれば、滝川事件の京大小西重直及び松井元興の両総長の果たした役割はとくに目立つわけではない。ただ澤柳、河上の両事件を直接経験した京大の三度目の事件という歴史と、現在においても大学の自治を問題にする際、戦前の教訓として最もよく語られてきた事件である点を考えれば、中央大学との関わりの部分は別としても、(88) 若干検討しておく必要があると思う。

この事件の経過をみていくと、おおよそ二つの段階若しくは局面にわかれる。そこでとりわけ注目したいのは、第一段階から第二段階に至って問題の本質に大きな変化があり、総長の対文部省や対教授会への対応も変わっていったことである。つまり大学の自治、学問の自由への弾圧とそれに対する抵抗問題から、権力的なその否定又は制約下における総合大学＝京大の再建問題へ変化し、総長もまたこれに対応して変わっていったという点である。従来これらの点について全く指摘がなかったわけではないが、必ずしも十分とはいいがたい。とくに小西総長の苦渋にみちたその対応の非一貫性は、戦前における歴史的な京大の大学自治の伝統と、帝国大学総長の本質や役割との矛盾を象徴していると考える。

第一段階とは一九三三（昭和八）年四月、文部省は法学部滝川教授の『刑法読本』等に示されている学説が、社会的に悪影響を与えていると判断し、当時就任したばかりの総長小西に同教授の辞職を勧告、もし応じない時は休職を命ずるよう要求したことに始まる。約一ヶ月間の交渉の末、総長の最終的な拒絶にあうや、文部当局はただちに文官高等分限委員会を開いて、滝川の休職を決定し発令した。これに対して同法学部教授一同は、この措置を全く不当として揃って辞表を出し、同時に声明書を発表してその理由を明らかにした。また同学部の助教授、講師、助手、副手も全員辞表を提出するに至った。一方小西総長もみずからの責任上辞意を表明した。

ここで注目すべきは、滝川休職発令までに総長が直接問題を法学部教授会に諮ることがなかったこと、したがって又滝川教授の進退についての総長具状はついに鳩山文相に提出されなかったことである。大学自治の核心ともいうべき前者の慣行はもちろんのこと、後者の帝国大学官制に規定された総長権限すらも無視されたというべきである(89)。

第二段階は同年五月二八日に鳩山一郎文相と会見して強くその辞職を慰留された小西総長が、法学部全スタッフの辞表を保留しながら、その処理を含めた法学部再編＝総合大学としての京大再建を目指すことになった局面である。即ち学生まで含めた全学的な輿望を担った総長の再建案（解決案）と当時報道されたが、この段階では既に滝川問題は切り放された事実を前提とせざるをえず（滝川をスケープゴートとした上で）もはや一旦無視された慣行はとりもどすことはできなかった。残されたのは一定の権力的な制約の下での法学部再編でしかなかった。六月一四日に至って合意された文相と小西総長との解決案[90]もその枠を出なかったのは当然であって、法学部教授会としては総長自身が示したこの解決案を「あまりに法学部の主張と距離がかけ離れ過ぎているので、最早同案を問題解決の対象としては、法学部教授が一団となって同一行動をとることは不必要であり、かつ不可能であるとなし、今後は各自の進退については各自の自由判断によって決定し、それより総長に上申する」こととした[91]。このような対応では問題解決に程遠くなるばかりで、小西はその責任をとって辞職し、緊急に後任の総長を選出した。この結果発令されたのは、理学部教授松井元興であった。総長松井は早速滝川を含む六教授の辞表を提出し、これをうけた文部当局はただちにこれを発令した（最終的には七教授が辞職）。残りの七教授は事実上辞表を撤回して残留した。その他助教授以下の教官は過半数以上が依願によって退職し、法学部教官は事件前の三分の一に縮小した。

以上の二つの段階乃至局面では、先に指摘したように強権的な滝川休職処分を契機にして、大きく変化した。問題点からみていくと、第一段階では京大側の主導によって大学の自治を梃子にする学問（及び教授）の自由の主張がクローズアップされ、これに対して文部省当局が権力的に如何に統制するか、が争点であった。澤柳の感化をうけたという教育学者小西総長[92]は、自らの判断で（法学部教授会に正式に諮らなかったという限りにおいて）京大側に立って文部省当局の要求を拒絶した。それは当然といえば当然だが（先の山川、荒木、平賀の三総長と比較する限り、この局面ではまともであった）、前述のようにその際総長具状権を行使しなかったのは、法学部教授会の審議結果をうけなかったこととともに疑問が残る[93]。

第二の段階では滝川休職処分決定によって、京大における澤柳事件以来行われてきた慣行的な大学の自治は、形式的にも実質的にも一挙に否定された。つまりその内容は曖昧だったにせよ、河上教授辞職事件の時にはなお形式的に守られてきた教授会の自治権すら蹂躙されたというべきである。そこで改めて前記の小西、文部省両者の「解決案」

を見よう。その骨子は大学の「研究教授ノ自由及教授ノ進退ニ関スル大学ノ自治」は「法令並従来ノ取扱例ノ範囲内ニ於テ承認」(94)するという点にあり、一見して大学自治をこれまで通り尊重するかにみえる。しかしながら滝川休職処分を決定した文官高等分限委員会の判断が既に存在する以上、それが先例化されないという保障は何一つなかった。またそれを前提としてみれば、大学自治の範囲を大学自身が自主的に決定できるとした基本理念も同時に否定されたのである。(95)退職七教授はそれ故に退職したのであるが、残留教授等は反対にこの解決案によって「われわれの主張は貫徹された」と解釈して辞職を撤回した。(96)このような法学部教授団の分裂を誘導し、これに乗じて法学部再編を進めたのが後任総長の松井であって、文部省当局の思惑通り、その役割を果したといってよいであろう。その限りで「不見識極まる」総長(97)といわれても仕方あるまい。

以上滝川事件の経過からは、多くの教訓をくみとることができるし、事件自体についても多様な評価が行われている。(98)しかしここでは次のことを指摘するにとどめたい。これまで述べてきた他の三事件を含め、多くの受難事件は、「大学が外部からの攻撃に屈伏して、自発的に大学の自由を放棄したもの」(99)との指摘が正しいとすれば、滝川事件では、少なくとも法学部の七教授等が自発的に退職することによって、あるべき大学の自治・学問研究の自由を大学の内外に明らかにし、同時に帝国大学総長の本質やその歴史的役割を浮き彫りにしたといえるのではあるまいか。(100)

3　国立大学総長制の特質

これまで述べてきた帝国大学時代（一八八六年帝国大学令制定から一九四七年学校教育法制定まで）の総長制の特質を総括しみると、おおよそ次のような三つの矛盾点、或いは問題点ともいえる側面があったといえよう。

その第一は戸水事件（一九〇六年）に始まり、滝川事件（一九三三年）を経て平賀粛学（一九三八年）に至る諸事件で問題になった学問研究の自由と、これに対する権力的な抑圧、大学外からの攻撃との間に、大学の最高管理者且つ天皇の官吏としてその対応をせまられるという立場の矛盾である。

第二は澤柳事件に典型的にみられ、多くの事件では多かれ少なかれ意識せざるをえなかった大学の自浄機能、即ち大学はその自治を外部の圧力から守る保障として自己点検、自己改革を課せられているが、総長はこれらを総括する立場でありながら、学問的には非専門家的個人として処理し、且つ責任を負わねばならない立場の問題である。

この第一、第二の総長の矛盾を象徴するものが「具状権」であるが、それは大学自治擁護のためには、アリバイ的役割を果たすものでしかなかった。結局平賀粛学にみられたように形式的な大学の自治の擁護にこだわって、かえって自ら学問研究の自由の否定をもたらす道具立てとなったのではなかろうか。

したがって第三にあげなければならないのは、大学自治の慣行とりわけその核心をなす教授会人事の自治的運用と、制度的規制やその法律的適用を左右する国家権力等との矛盾であろう。この点は勿論総長制に限られる問題ではない。一般に大学自治のかような問題は、慣行や内規の運用を法令化することによってすべて解決できるか否か、更に問題になるであろう。一つには帝国大学（国立大学）は私立大学と異なり、その財政的な国家予算からの自立が制約されているという事情がある。また慣行の法制化以前の問題としてより重要なのは、かかる慣行が民主的に運用されている限り、法的権力的等大学外の圧力によってそれが侵害されないような、歴史的社会的経験と合意（大学人及び国民一般）の形成を必要とすることであろう。(101)

以上のようにみてくると、近代日本の大学はその形成期の明治初年から、大学自治の矛盾をかかえており、何かあればたいていの場合、帝国大学総長が問題の焦点に立たされていたことは明らかであろう。

それでは私立大学の場合は、どのような問題を含んでいるだろうか。福沢諭吉は一八七四（明治七）年『学問ノス、メ』の中の一編として「学者ノ職分ヲ論ズ」を発表し、私立学校開設の必要性とその意義を強調している。[102] 前述の「帝国大学」創設にみられるように、国権の民権に対する優位は、当時学問と教育の制度上にも及んでいた。それ故福沢は「人間（世間）ノ事業ハ独リ政府ノ任ニアラズ」即ち「私立ノ事業」として「学者ハ学者ニテ私ニ事ヲ行フベシ、町人ハ町人ニテ私ニ事ヲ為スベシ、政府モ日本ノ政府ナリ、人民モ日本ノ人民ナリ、政府ハ恐ル可ラズ」と述べたのである。

このような福沢の抱負に基づいた慶応義塾はもちろん、今日主要とされるその他の私学も、ほぼ帝国大学の創立と平行して開設され、その歴史を形成してきた。したがって「総長」、「塾長」、「校長」、「校主」等と名乗った初期の段階から、今日に至る私立大学の総長（学長）制の歴史を、第二章以下のように帝国大学のそれと、比較史的に考察してみることによって、日本の大学総長制の本質を明らかにしうるであろう。

（1）勿論同法に「総長」の字句が全くないわけではない。その第百八条の二に次のように記されている。「第六十八条の二の規定（筆者注・名誉教授の資格に関す規定）により名誉教授の称号を授与する場合においては、当分の間、旧大学令、旧高等学校令（中略）及び文部大臣の指定するこれらの学校に準ずる学校の校長（総長及び学長を含む、以下本条において同じ。）又は教員としての勤務を考慮することができるものとする。」つまりこの「総長」とは旧大学令等の規定による学校（大学）のそれであって、それらの規定は既に失効しており、総長そのものには法律的規定はないというべきであろう。又このことに関連していえば、教育公務員特例法（第三―十二条）、国立学校設置法施行規則（第一条）でも学長の規定はあるが、総長のそれはない。

（2）鮎澤成男「新制大学の発足と『学校法人中央大学基本規定（寄附行為）』（一九五三年十二月）―制定までの経過―」（『中央大学史紀要』第五号、九頁）一九九四年

（3）以下東京大学の項は、寺崎昌男(A)『プロムナード東京大学史』（東京大学出版会　一九九二年）によるところが多い。なお

寺崎(B)『日本における大学自治制度の成立』（評論社　一九七九年）も参照。

（4）当時官制上の組織機構の長の肩書きに総理の呼称はなかった。但し「自由党総理」（但し一八八四年一〇月に解党）、「立憲改進党総理」など、政党の代表者の地位呼称にみえたことは周知の通りである。

（5）一八八六（明治一九年）年三月一日公布、勅令第三号　帝国大学令（『東京大学百年史』資料一　所収）以下の叙述に必要な箇所を中心にして、抜粋して左に掲げる。

帝国大学令

第一条　帝国大学ハ国家ノ須要ニ応スル学術技芸ヲ教授シ及其蘊奥ヲ攷究スルヲ以テ目的トス

第二条　帝国大学ハ大学院及分科大学ヲ以テ構成ス大学院ハ学術技芸ノ蘊奥ヲ攷究シ分科大学ハ学術技芸ノ理論及応用ヲ教授スル所トス

（中略）

第五条　帝国大学職員ヲ置ク左ノ如シ

総長　　勅任

評議官

書記官　　奏任

書記　　判任

第六条　帝国大学総長ハ文部大臣の命ヲ承ケ帝国大学ヲ総轄ス其職掌ノ要領ヲ定ムルコト左ノ如シ

第一　帝国大学ノ秩序ヲ保持スル事

第二　帝国大学ノ状況ヲ監視シ改良ヲ加フルノ必要アリト認ムル事項ハ案ヲ具ヘテ文部大臣ニ提出スル事

第三　評議会ノ議長トナリテ其議事ヲ整理シ及議事ノ顚末ヲ文部大臣ニ報告スル事

第四　法科大学長ノ職務ニ当ル事

（中略）

第十条　分科大学ハ法科大学医科大学工科大学文科大学及理科大学トス

（中略）

第十一条　各分科大学職員ヲ置ク左ノ如シ

長　奏任

教頭　奏任

教授　奏任

助教授　奏任

舎監　奏任

書記　判任

第十二条　分科大学長ハ教授ヨリ特選シテ之ニ兼任ス

分科大学長ハ帝国大学総長ノ命令ノ範囲内ニ於テ主管科大学ノ事務ヲ掌理ス

（後略）

(6)　著名な日米修好通商条約（一八五八年、安政五）の調印の際の日本側の当事者　脇坂安宅の肩書きは「日本帝国外国事務老中」であり、この時には「亜墨利加合衆国大統領」に対して、将軍は「大日本帝国大君」と称している（内閣記録局編『法規分類大全』第一巻　二〇四―七頁）。明治政府の場合には、一八七七(明治一〇)年頃、国書封印文書に「日本帝国政府」(同前第一巻一四四頁)、同じ頃旅券に「日本帝国海外旅券」(同前第二四巻四八四頁）と記された。但し八三、八四(明治一六、七)年頃になっても、日鮮間の外交文書では「大日本国」と「日本帝国」の双方が使われ一定していない（同前第二二巻　五〇二―七頁)。

(7)　寺崎昌男注(3)前掲書Ⓐ一〇八頁

(8)　寺崎昌男注(3)前掲書Ⓐ一〇八―九頁、萱野芳彦「私学政策史の一研究」(『中央大学史紀要』第四号　一九九二年)

(9)　中央大学百年史編集委員会専門委員会編『東京都公文書館所蔵中央大学関係史料集』(「中央大学資料集第一集」一九八四年中央大学史編纂室）一〇―三頁、以下同資料集を引用する時には、『中央大学資料集』第一集―第一三集（一九九五年）というように簡略化して表記する。

なおこの条規については寺崎昌男の分析がある。注(3)前掲書『日本における大学自治制度の成立』一七六―八六頁、又寺崎、酒井豊の資料紹介と解説「東京大学所蔵私立法律学校特別監督関係資料」(『東京大学史紀要』第三号一九八〇年）参

照

「　私立法律学校特別監督之儀達按

各通

専修学校
明治法律学校
東京専門学校
英吉利法律学校
東京法学校

其校今般特ニ帝国大学総長ノ監督ニ属セラル、旨文部大臣ヨリ被相達候条其旨心得ヘシ
　但文部大臣ヨリ帝国大学ニ達セラレタル私立法律学校特別監督条規壱部ヲ交附ス

知　事」

「東京府下ニ設置ノ私立法律学校ニシテ適当ト認ムルモノヲ択ヒ左ノ条規ニ依リ特ニ其学総長ヲシテ之ヲ監督セシムルコトアル可シ

明治十九年八月廿五日

文部大臣　森　有禮」

「　私立法律学校特別監督条規

第一条　文部大臣ハ東京府下ニ於テ適当ナリト認ムル私立法律学校ヲ択ヒ特ニ帝国大学総長ヲシテ之ヲ監督セシムルコトアルヘシ
　但本文ノ学校ト雖モ尚一般私立学校ノ例ニ依リ地方官ノ管理ヲ受クヘキハ勿論タルヘシ

第二条　帝国大学総長ノ監督ニ属スヘキ私立法律学校ハ必要ノ普通学科ヲ修メタル者ヲシテ入学セシメ三年以上ノ課程ヲ以テ左ノ三科ノ一ヲ教授スルモノタルヘシ

但各科ニ掲クル法律中帝国ニ於テ既ニ制定頒布アリタルモノハ主トシテ之ヲ教授シ外国法ハ傍ラ之ヲ対照スヘキモノトス

仏蘭西法律科

第一年

法学通論
民法（人事篇）
私権、身分証書、住所、失踪、婚姻、離婚、父タルコト、養子、父権、幼者、後見、丁年者、禁治産者、裁判上ノ補佐人
同（財産篇）
財産区別、所有権、収実権、地役
刑法

第二年

民法
時効、契約、売買、交換、賃貸、貸借、附托、偶生契約、代理、和解、会社
訴訟法
治罪法

第三年

民法
保証、質、書入質、先取権、相続、贈遺、遺嘱、婚姻財産、契約
商法
擬律擬判

独逸法律科

第一年

法学通論
民法人権
同　物権
刑法

第二年

民法
契約、親族、財産、相続
商法
裁判所構成法
治罪法

第三年

訴訟法
海上法
為替法
保険法
破産法
擬律擬判

英吉利法律科

第一年

法学通論

契約法
私犯法
代理法
刑法
第二年
親族法
組合、会社法
動産委托法
売買法
財産法
治罪法
第三年
財産法、破産法
証拠法
保険法
訴訟法
流通証書
商船法
擬律擬判

第三条　帝国大学総長ノ監督ニ属スル私立法律学校ノタメニ帝国大学総長ハ法科大学職員ノ中ヨリ委員ヲ選定シ常時及試験ノ時ニ於テ該学校ヲ臨監セシムルモノトス
第四条　該私立法律学校校主ハ毎月三日迄ニ其月ノ課業時間割表ヲ帝国大学ニ差出ヘキモノトス

第五条　該私立法律学校ニ於テ定期試験ヲ行フトキハ少クトモ三日以前ニ校主ヨリ其科目及時間割表ヲ帝国大学ニ差出スヘキモノトス
第六条　該私立法律学校ニ於テハ毎定期試験後二週間内ニ其成績表ヲ製シ校主ヨリ帝国大学ヘ差出スヘキモノトス
第七条　該私立法律学校ノ卒業生ニシテ帝国大学総長ニ於テ優等ナリト認メタル者ハ法科大学ニ於テ司法官立合ノ上試問ヲ為スコトアルヘシ此場合ニ於テ試験及第ノ者ニハ及第証書ヲ交付スヘシ
第八条　帝国大学総長ハ委員ノ報告ニ因リ該私立法律学校校主ニ学科課程及教授法ノ改正ヲ諭告スルコトアルヘシ　」

(10)　同前　『中央大学資料集』第一集　一〇―一頁
(11)　同前　一一頁
(12)　『中央大学七十年史』二二頁
(13)　同前　二一頁
(14)　寺崎　注(3)前掲書Ⓐ一〇九頁
(15)　注(12)に同じ
(16)　明治一九年一二月二日　私立法律学校監督委員長以下姓名届案『中央大学資料集』第三集　二四八頁　以下は同資料集の頁数のみを記し、史料名は原則として省略する。
(17)　明治一八年七月三〇日付『郵便報知新聞』附録　中央大学百年史編纂委員会編『図説中央大学一八八五⇩一九八五』（中央大学　一九八五年）四頁所収写真より
(18)　『中央大学資料集』第三集　二五〇―一頁
(19)　同前　二五三頁
(20)　同前　二五二―三頁
(21)　同前　二六二―四頁
(22)　寺崎　注(3)前掲書Ⓐ一一三頁
(23)　『東京大学百年史』通史一　五〇七頁
(24)　同前　五〇八頁、一九五七年一二月一四日から、六年間東大総長であった茅誠司氏（『東京大学百年史』資料三、三九頁）

は、任期中でも自らの肩書きを「東京大学学長」としたことは、当時よく知られていた。
(25) 寺崎　注(3)前掲書Ⓑ二五七頁、京都大学七十年史編集委員会編『京都大学七十年史』(京都大学一九六七年)二一六頁
(26) 『東京大学百年史』資料一　三三二頁
(27) 寺崎　注(3)前掲書Ⓑ二五六―七頁
(28) 同前　二五三頁
(29) 注(25)前掲『京都大学七十年史』四六―七頁
(30) 寺崎　注(3)前掲書Ⓑ七五―八五頁、『京都大学七十年史』四七頁
(31) 石田雄『明治政治思想史研究』(未来社　一九五四年)二五〇頁以下、『京都大学七十年史』四八―五〇頁
(32) 同前『京都大学七十年史』五〇頁
(33) 石田　前掲書　二五五頁
(34) 前掲『京都大学七十年史』四八頁、平凡社『日本史大事典』第三巻八九一頁
(35) 石田　前掲書　二五五頁、二五八頁
(36) 前掲『京都大学七十年史』四八頁
(37) 石田　前掲書　二五九頁
(38) 前掲『京都大学七十年史』四八―九頁
(39) 石田　前掲書　二五八頁
(40) 同前　二五八―六九頁
(41) その後一九一一(明治四四)年の南北朝正閏論問題による喜田貞吉休職処分、同年の京大教授岡村司の講演「親族と家族」の内容による同教授譴責処分などにおいては、大学人の反応は鈍かった。石田　前掲書　二七二―八一頁
(42) 同前　石田　前掲書　二六二―三頁
(43) 注(34)『日本史大事典』第三巻八九一頁
(44) 「澤柳事件」に関する資料、文献は少なくない。事件直後の資料でその関係当事者たる京都帝国大学法科大学教授及び助教授一同の「大学教授ノ罷免ニ関スル交渉顚末」(『京都法学会雑誌』九巻一号)一九一四年、同じく「大学教授の任免ニ関

スル事件ノ経過及解決」（同前九巻二号）一九一四年があり、また前掲『京都大学七十年史』五三―六四頁はその概要を記し、近年の業績では、Ⓐ渡部宗助「京大『澤柳事件』再考」上（『大学論集』八集　広島大学大学教育センター一九八〇年）、Ⓑ福西信幸「澤柳事件と大学自治」（『講座日本教育史』三巻　近代Ⅱ近代Ⅲ第五章）一九八四年、Ⓒ松尾尊兊「澤柳事件始末」（『京都橘女子大学研究紀要』二一号　一九九四年）がある。その他多数あるが、必要に応じてその都度引用する。専門論著以外の文献一覧は、前記のⒶ渡部論文　四四頁の注（1）を参照されたい。

(45)　前掲『京都大学七十年史』五四頁

(46)　同前　五八―九頁

(47)　同前　五八頁

(48)　注(44)のⒷ福西論文　二八四頁

(49)　優れた教育者であるとともに、文部次官歴任等に見られるようなベテランの教育行政官でもある澤柳は、その限りで「開明的文部官僚」といえよう。

(50)　注(44)のⒸ松尾論文　一四―五頁

(51)　この支持の「覚書」に署名したのは、教授、助教授の二四名であり、その他にその機会があっても署名しなかった教授が数人いた。その中に後に中央大学の初代の総長に就任した加藤正治もいた（前掲松尾論文　一一頁）。

(52)　奥田義人は文相就任直前には、中央大学学長であり、文相辞任後の一九一五年から一七年まで再び同学長をつとめた。中央大学創立者の一人でもある。なおこの事件に多少なりとも関わった中央大学関係者は、注(51)にみえる加藤正治の他、土方寧（東大法科大学長、「覚書」不署名）、岡野敬次郎（東大法科教授、「覚書」不署名）及び穂積陳重の合わせて五人である（前掲松尾論文一一頁）。このうち加藤を除く四人が中央大学創立者の中に含まれている。

(53)　『京都大学七十年史』六二頁、しかし事件の解決はこれより約一年後の一九一五(大正四)年六月の医科大学長荒木寅三郎の総長就任（即ち総長の事実上の学内選出）を以てするという見方（前掲松尾論文　二頁その他）もある。

(54)　「協定スルハ差支ナシ」は協定しなくとも可という部分肯定であるが、「協定」することは「妥当」といえば、全面肯定になる（協定しなければ不当という反対解釈を導き出すから）。従ってこのままだと矛盾して文脈はつかめない曖昧な文言になる。それ自体が総長と教授会との対立から生まれた妥協の産物であるから、当然かもしれないが、このあとの帝国議会のこの「覚書」に関する質問答弁中には奥田文相が、教授任免人事における大学自治権を否定する発言をくり返している。それはこの文言の曖昧さを利用したものではなかったであろうか。(前掲松尾論文　一八頁)

(55)　自浄機能の総長代行を期待する教官側の意向を推測させる事実がないわけではない。例えばこの事件に際して東大法科大学でも「中堅少壮教授は敢然京大援助の為めに立」ったとはいうが、実際に若手教授を集めて話してみると「澤柳の処置を妥当とするものが多く」誘いをかけた方が窮地に立ったという(前掲松尾論文　一〇―一一頁)。

(56)　なお、この点については家永三郎『大学の自由の歴史』(「塙選書」一九六八年)一六頁参照

(57)　『AERA』一九九二年五月一九日号

(58)　勿論この復活したという旧七帝大の「総長」名は、それぞれの学内規定か、当該七大学相互間での呼称である。マスコミ一般でも国立大学の中でこの七大学の学長に限って総長と呼んでいるが、法律的には「学長」である。この点については注(1)も参照されたい。なお北大の「総長」呼称復活の時期については、北大当局に問い合わせた結果による。

(59)　注(57)参照

(60)　出典は次の通り。

東北大学編『東北大学五十年史上』(東北大学　一九五〇年)

九州大学七十五年史編纂委員会編『九州大学七十五年史通史』(九州大学　一九九一年)

北海道大学編『北大百年史通説』(北海道大学　一九八二年)

大阪大学編『大阪大学五十年史』(大阪大学　一九八五年)

名古屋大学史編纂委員会編『名古屋大学五十年史』通史二(名古屋大学　一九九五年)

(61)　中には東大の初代総長の渡辺洪基のように、「東京府知事として名を馳せて」いた官僚ではあっても「教育者の経歴はほとんどなく、学者ともいえなかった」ような人物もいた。寺崎昌男『プロムナード東京大学史』(東京大学出版会　一九九二年)一一〇頁

(62)　朝日新聞社編『大学の自治』(一九六三年)一一五頁以下、家永三郎注(1)前掲書六六頁以下

(63)　同前　家永前掲書六六頁、この「妥協案」の具体的内容については、朝日新聞社編注(7)前掲書一一五頁以下参照

(64)　この時には東大大学制度調査委員会で総長推薦を審議し、その公選手続等を文部大臣に上申して内規として確定した。朝

日新聞社注(62)前掲書二三〇頁。なお『京都大学七十年史』(六五頁)によると、「本学が大正四年において、東大にさきがけて、総長公選の実を獲得し、総長選任に学内教授の意向が強く反映したことの意義はこれを否定することはできない」し、また「これを澤柳事件の成果と評価」する一方、「荒木総長選任の手続には、なお微妙な問題が含まれて」おり、その「の実現は、なお総長公選の実現であったとはいえない。」と述べている。またさらに「総長公選の制度化は、大正七年の大学令をまたなければならなかったのである。」としているが、「大正七年の大学令」には公選の規定は勿論、総長それ自身の規定も欠けている。

(65)　注(60)前掲『東北大学五十年史』上、三七一—二頁、及び家永三郎注(1)前掲書六六頁

(66)　家永三郎注(56)前掲書六二頁、状況や時代によって慣行が無視されたり、法律による規制が慣行を排除することは、大学の自治の歴史ではこれまでしばしばくり返されてきた。

(67)　『東京大学百年史』資料一　三二五頁

(68)　『京都大学七十年史』二五頁

(69)　同前書　三五三—四頁

(70)　なお総長の文部大臣に対する具状権をもって、一般の官吏の任免とは異なる教員任免の特例とし、これに「大学自治の片鱗」を認める見解(田中耕太郎「大学自治の合理性」同著『教育と権威』所収　岩波書店　一九四六年刊　九九頁)や、或いは戦前、「大学自治の慣習」を拠り所にした文部省に対する大学側の抵抗によって「ナチやファッシスト政権下」と異なり、「大学がその伝統的な自治を曲がりなりにも守り得た」とする説(同前「日本における大学の自治」上智大学編『大学とヒューマニズム』所収　創文社　一九五三年　五四頁)がある。しかしさすがにこれを手放しに評価するわけにはいかず、「曲がりなりにも」とか、「外形より観察すれば」といった限定を加えざるを得なかったのは、当然といえば当然であろう。「形式よりもむしろ実質である」(朝日新聞社編注(62)前掲書二一一頁以下)ことが大学の自治において不可欠なことはいうまでもあるまい。

(71)　家永三郎注(56)前掲書、朝日新聞社編注(7)前掲書、伊ヶ崎暁生『新版大学の自治の歴史』(一九八〇年)新日本出版社等による。

(72)　そういう観点からすればこのほかにも、例えば唯物論研究会会員検挙事件(一九三七—八年)や、横浜事件(一九四二—

四年）等があげられよう。このようなむしろ所謂「大学の自治」の枠外で行われた学問思想への権力的弾圧の方が、問題はより深刻ではなかったのではなかろうか。

(73) 家永注(56)前掲書五一及び五三頁

(74) 同前五八頁

(75) 以下各事件の経過については、注(71)前掲書及び我妻栄編『日本政治裁判史録』大正、同昭和前期、同昭和後期、の各編（一九六九―七〇年）第一法規出版、向坂逸郎編著『嵐のなかの百年』（一九五二年）勁草書房による。

(76) 同前我妻編前掲書二四四頁

(77) 新聞紙法（一九〇九年五月二六日施行）四二条に「皇室ノ尊厳ヲ冒瀆シ政体ヲ変改シ又ハ朝憲ヲ紊乱セムトスルノ事項ヲ新聞紙ニ掲載シタルトキハ発行人、編集人、印刷人ヲ二年以下ノ禁錮及三百円以下ノ罰金ニ処ス」とある（我妻栄編『旧法令集』一九六八年　有斐閣）。

(78) 我妻編注(75)前掲書二二九―三〇頁、周知のように大学令の第一条には、これまでの帝国大学令第一条の大学の目的規定に新たに加えて「兼テ人格ノ陶治及国家思想ノ涵養ニ留意スヘシ」とした。

(79) 家永注(56)前掲書二四六―七頁、及び我妻編注(75)前掲書二三六―七頁

(80) 向坂逸郎編著注(75)前掲書一六四―七頁、朝日新聞社編注(62)前掲書五三―四頁、家永同前前掲書五二頁、我妻編同前前掲書二五一―二頁

(81) 「その中には京都帝大の学生も亦た少からず含まれていた」（河上肇『自叙伝』上、一九八九年　岩波書店　二五八頁）し、河上自身も「当時優秀な左翼の学生が多数京都に集まってきたのは、私が京大に在職していたためである。」（同前下、一五三頁）とも述べている。したがって又「かうした時勢に」つまり三・一五事件のような弾圧によって、その検挙者の中に京大の学生が少なからず含まれるような状況のもとで、「マルクス主義を信奉することを公言して憚らない者が、いつまでも大学教授の地位に止まることは出来ない」と心得ていたから、この事件を契機として「辞職の肚を決め、家人もそのつもりになっていた。」（同前一五九頁）という。

(82) 伊ヶ崎注(71)前掲書六三頁

(83) 河上注(81)前掲書下　一五九頁以下、（岩波文庫版㈤三三三頁）なお辞職勧告理由については、我妻編注(75)前掲書五五五

五―六頁、朝日新聞社編注(62)前掲書五八―九頁も参照されたい。

(84) 我妻注(75)前掲書　昭和後期、三四〇―三頁

(85) 「安寧秩序ヲ妨害シ又ハ風俗ヲ壊乱スルモノト認ムル文書図画ヲ出版シタルトハキハ内務大臣ニオイテ其ノ発売頒布ヲ禁シ其ノ刻版及印本ヲ差押フルコトヲ得」我妻編注(77)前掲書六五頁

(86) 朝日新聞社編注(62)前掲書一六七―九

(87) この事件の評価については、とりあえず家永注(56)前掲書七一―五頁参照

(88) よく知られているように、滝川事件の発端は中央大学（神田駿河台の旧校舎）で一九三二(昭和七)年一〇月二八日に行われた講演「トルストイの『復活』に現れた刑罰思想」の内容を、文部省が問題にしたことによる。この時講演の「途中から当時の検事総長林頼三郎氏がこられた」（滝川幸辰『激流』河出書房新社　一九六三年、一四―五頁）こと、及び戦後になって滝川は、『法学新報』六六巻五号の「故法学博士林頼三郎先生追悼号」第一輯に、「目的的行為概念」という題目の論文を寄稿していることは、あまり知られていない。林が前記の滝川の講演会に列席していたことは確かであろう。しかしながら講演のあとで「聴衆の中に『あの男は無政府主義者だ』とか評した者がいて、それを中央大学出身で同大学とは縁の深い林頼三郎検事総長の耳に入れた者があり、総長からさらに司法大臣（小山松吉）、文部大臣（鳩山一郎）と連絡された」という説（向坂逸郎編著注(75)前掲書九八―九頁）や、この講演の内容を「共産党弁護、政府攻撃」或いは「左翼的刑法思想」だとして、林や小山松吉法相らが問題視し、さらに鳩山一郎文相に通じたことが、事件の発端だとする（伊ヶ崎暁生注(71)前掲書六九頁、及び滝川事件東大編集委員会編『私たちの滝川事件』一九八五年　新潮社　一九頁）説もあり、更に又戦後、林の公職並びに教職追放の理由の一つに、この滝川事件への関与が数えられていたという（吉川弘文館『国史大辞典』一一巻、六八八頁）指摘もある。これらの諸説と滝川の自伝的著作『激流』（とりわけ事件と林との関係を述べたのは、上記の講演会当日のことのみであり、その中ではその責任追及的な筆鋒はみられない）の叙述などを考えあわせると、やはり多くの疑問が残るといわざるを得ない。残念ながら現在のところなおこの関係を確定できる資料は入手していない。

(89) 京都日出新聞社編『滝川教授事件―京大自治闘争史―』四八―五一頁

(90) 京都大学七十年史編集委員会編『京都大学七十年史』（京都大学　一九六七年）一〇二―三頁

(91) 京都日出新聞社編注(89)前掲書一一一頁、この教授会の申し合わせ事項は記事の性格上必ずしも正確は期しがたい。

(92) 小西は第二高等学校在学時代に、校長澤柳政太郎の感化をうけ、東京帝大では教育学を専攻した。京大総長の後輩としてこの事件の渦中におかれ、一方の当事者となったことは誠に不思議な因縁である。
(93) なぜなら「戸水事件」の箇所で述べたように（第一章第一節2）滝川休職要求に対しては反対具状すること、とりわけ澤柳事件以来確立した「教授会ト協定」した結果をふまえれば、反対具状することも可能であったと考えられるからである。ただしこの滝川事件の第一段階では、総長が具状しないことが文部省当局の意向に反対することだとする見解もある。恒藤恭「滝川事件の経過から見た大学自治の問題」（昭和八年六月一日付『東京帝大新聞』）京都日出新聞社編注(89)前掲書九二頁以下より引用
(94) 注(90)に同じ
(95) 京都日出新聞社編注(89)前掲書一一二―三頁
(96) 滝川著注(88)前掲書一八四―七頁
(97) 同前一八〇頁
(98) 文献、資料については、滝川事件東大編集委員会編『私たちの滝川事件』（一九八五年　新潮社）三〇五―九頁等参照
(99) 家永注(56)前掲書七三頁
(100) 改めて当時の資料を検討してみると、現在の大学自治、研究教育問題等にかかわる点が提起されていることが知られる。例えば学問の自由とは、単に研究の自由にとどまらず、教授（教育）の自由や発表の自由も含み、それらは一体のものであると主張した（「法学部教授一同辞職声明書」京都日出新聞社編注(34)前掲書五六頁）こと、また大学の自治、学問の自由への制約は、大学の外部からあってはならず、教授会（大学それ自体）の審議結果によってのみ可能と指摘した（「佐々木惣一博士声明＝解決案の意味＝」同前掲書一一三―四頁）こと（近年問題にされる「大学の自己点検」「自己評価」或いは自浄機能）などをあげることができよう。
(101) この点をふまえて改めて、学校教育法により、大学自治の大枠を制度化した、戦後の国立大学学長制の下における、その実態を検討する必要があろう。それらについては家永注(56)前掲書参照
(102) 『学問ノススメ』四編（日本近代思想大系一〇『学問と知識人』所収　一九八八年　岩波書店）

第二章　私立大学の総長・学長の地位と権限

第一節　総長・学長の公選と私立大学の自治

周知のように、同じ総長・学長制（両者を一括する場合、以下「首長」及び「首長制」と呼ぶ）であっても、国立大学と私立大学では、その成立の歴史は勿論、その性格にも相違があり、したがって両者を単純に比較することはできない。(1)すでに指摘したように、学校教育法では、「校務を掌り、所属職員を統督する」のは学長であって、総長ではない。国公私立いずれの大学であっても、総長とは、非制度的機関名であることに変わりはない。

それにもかかわらず、なぜ学長の代わりに、または学長の他に「総長」をおくのだろうか。今まで述べたところを総括すれば、首長が総長であれまたは学長であっても、両者は共通する社会的役割と条件のもとにおかれている。即ちそれは、大学のアイデンティとしての研究教育の自由の原点に大学の自治があり、大学首長の公選はそれを保障するとともに、たえざる大学改革の起点となるという点である。大学の自治と改革は、首長公選によって必然的に結ばれている。この三者は大学の存在理由であり、いずれが欠けても大学は成り立たない。

歴史的にみれば、一定の集団の政治的自立や、集団自治のためには、その集団の成員による首長公選、若しくはその合意による首長擁立を前提としている。(2)ヨーロッパ中世の自治都市にその典型的な例があるが、日本の中世では首長公選に至らないにしても、町村の自治的性格については、一五、六世紀の堺や京都町衆あるいは「惣」村研究等によって明らかにされている。(3)

国立私立を問わず、大学自治に共通するものは、総長・学長の公選であるが、それとともにそれが大学自体の改革、つまり自己点検と自浄運動を伴っていることであろう。(4)

前述のように、京都大学澤柳事件は、総長公選以前のことであるが、澤柳総長自身は、京大教授陣の新陳代謝を京大改革の手段としようとしたのに対して、同大学の教授たちはこれに反対することによって、その自治を擁護しようとした。この事実は、逆説的に大学の自治が、必然的に自らの改革を不断にともなわねばならないことを示しているといえる。(5)

では大学首長の公選とは、具体的にはどういうことか。結論をいえば、公選の選挙人の範囲（選挙母体集団）が、大学の自治と改革、研究と教育の担い手をすべてを含む集団であるということになる。既に述べたように、かつての国立大学では、京大、東大の場合、それは教授会のメンバーであった。しかし今日では、大学の自治のみならず、その改革や研究教育の担い手を教授会メンバーだけに限ることはありえない。研究教育だけに限っても、直接これを担う教員のみならず、間接的に関係をもつ職員集団があり、更にたんに付加価値生産の主体にとどまらず、すすんで研究協力者たりうる学生達（集団）も、この枠内に入ってくるであろう。とすれば各層が対等ではないにしても、これらの大学全構成員が、研究教育に関わりをもち、それ故に選挙人の範囲に含まれよう。

このように大学首長公選の選挙母体問題を、研究教育の担い手論で広げていくと、そこではその人的側面における教職員、学生集団のみならず、彼らを支える物的乃至は経営的側面における法人関係者も、視野に入ってくるのは当然である。またそれに関連して大学の社会的・公共的責任を、この公選制度の中に如何に組みいれるかという問題も考慮すべきであろう。その観点で、現行の私立大学の首長選出をみていくと、総長の選考の方が、学長の選任の場合より、その選出母胎の集団分野は広いのが普通である。この現実がそれなりに意味をもつことも、また認めなければならない。後述のように学長の外におかれる総長や、学長を兼任したり、学長の代わりの総長が現れるのは、そのためである。

以上の点をふまえていえば、前記の結論の自治と改革、研究教育の担い手とは、一般的には、専任の教職員、或いは学生までであるが、卒業生を中心とする法人関係者（理事会、評議員会のメンバー）、或いは学識経験者等もまた別の側面から、関わりあっているといわねばならない。しかしこれらを直接的であれ、間接的であれ選挙人としてすべて含むとすると、首長公選の選挙母体の集団分野は拡散して、かえって形式化、形骸化し、往々にして研究教育に対する、それ以外（財政面や政治的、イデオロギー的側面）からのいわれのない圧力に転化する。大学の首長選任とりわけ総長選挙は、結果としてそのような危うさを孕んでいる。

したがって大学首長公選において、その選挙母体（選挙人）は専任の教職員集団とすることを第一とし、二次的には学生や、法人関係者その他のグループが加わるべきであろう。それ故専任の教職員を除外した選挙人による選任は勿論、選挙人の一部に教職員代表を含めた間接選挙も、公選ということはできない。また一次的選挙人の中でも、教員の投票は職員をはじめすべてのグループの投票に、優先すべきである。例えば教員に一票は、その他のグループの二票と計算するとか、或いは当選者の得票は総投票数の過半数以上であるとともに、教員の投票総数の過半数を超えることを必要条件とするというような優先的な取り扱いがそれである（同志社大学学長、法政大学総長の場合、後述）。

次に避けて通れないのは、総長学長選任における学生参加の問題であろう。大学構成員全体による大学自治という観点からすれば、教員と職員に学生を加えた大学アンサンブル構成自体が、中世の自治にも通ずる大学改革の要素であり、その起点をなすとみられるからである。そこで以下では、その点について検討する。

戦後間もなく大学改革として行われた総長学長公選への学生参加には、およそ三つの形式があった。

一、「一橋方式」、一橋大学で始められた学長候補者に対する「除斥」、いわゆる「信認投票」である。一九五一年規定。

二、「同志社方式」（仮に呼んでおく）、学長候補者（上位三人）を全教職員とともに全学生で投票選挙する。一九五四年規定。

三、「立命館方式」（同上）、総長候補者（三―五人、予め同推薦委員会で選出）について、法人の役職者、専任の教職員（代表）、院生学生生徒（代表）による間接選挙。一九六九年規定。(6)

一、二は戦後大学民主化運動の中で生まれ、三は六八―七〇年の学園紛争が契機となって、従来の規定を改正したものである。(7)

二、三については次節に述べる。一の「一橋方式」は、国立大学の例であるが、最も早い制度化の例であり、かつ六八―七〇年代の紛争期の私立大学（関西大学、関西学院大学、立命館大学、早稲田大学）でも制度的な影響をうけている。そこで若干立ち入って検討する。

一橋大学の学生による学長信認投票とは、大学側の大学長推薦委員会に推薦する候補者（三人以下）に対して、学生が不適任とする候補者を除斥投票をすることをいう。投票有資格者の学生は、六ヶ月以上在学する者で、「投票し得べき者の総数の三分二」の得票のある候補者が除斥される（「大学長推薦規則」、「大学長推薦規則内規」いずれも昭和二一年一月一四日起案）。敗戦後学園の徹底的民主化、現教授会の戦争責任の明確化等の学生運動の高揚を背景に、その最大の課題として集約されたのが学長公選であった。上記の案は、翌月二五日に連合教授会で決定された。この間には教授会側と学生側実行委員会は「せん鋭な対立」によって両者に「協調の途なきことが明らか」となり、学生側のうちだした「学生行政権の確立による学長公選問題への介入」という強行方針に対抗し、これを阻止するため教授会側がこのような「推薦規則」や「内規」を決定せざるを得なかったという。

当時学生側には、この結果を「全学生の精力的な努力が一応結果としては失敗に終わった」という認識の一方に、「学生の意志を無視して決定されたる学長は信任せず」という学生大会の主張が、教授会に貫徹したという積極的な評価もあった。いずれにせよ、この新規則及び内規は、その後紆余曲折はあったが、基本的な部分（学生による除斥制度）は変わらず、九八年一一月大学当局自身がこれを廃止するまで行われた（朝日新聞、一九九八年一一月一九日朝刊）。

改めてここで「学長候補者に対する全学生の投票除斥による学長信認制度」いわゆる「一橋方式」が、世に注目された点をあげると、次の通りである。

㈠　混乱期とはいえ、敗戦直後に学生主体の大学民主化運動によってうまれ、学長選挙への学生参加を制度化した最初の方法であった。

㈡　一方、成立当初にすでに学生側の批判があり、六八―七〇年の学園紛争に至ると、一橋大評議会を含む全学集会において、より民主的に徹底した学生参加の学長選挙が合意された（『一橋大学学制史資料』第九巻、『同百年史』）。

㈢　しかしこの時も、より徹底した改訂はされないまま、除斥投票のよる信認方法をもって、「一橋大学方式」とされた上、他大学でも問題視され、改革モデルとされている（『一橋大学百二十年史』、『関西学院百年史』資料編Ⅱ四九五―六頁）。

㈣　他方国家権力（文部省）は、一橋方式成立以後に立法化した「教育公務員特例法」を楯として、この方式の廃

止を要求し、半世紀余り後の九八年に一橋大学側はついにそれに応じて、学長選考規則から学生職員参加の項目を削除した。(8)

この「一橋方式」は、敗戦直後の大学運営の学生による民主化運動の成果と評価されているが、その限りでいえば大学自治のための大学改革は、その重要な一つの選択肢に、大学構成員としての学生による首長公選参加もあることを示している。

勿論大学自治を支える近代的自由と、中世の都市や大学の自由には歴史的な相違点があり、自己改革や自律的な改革運動についても、これを歴史的に把握する必要があることはいうまでもない。例えば、中世ヨーロッパの大学の学長選が、教授団に対する学生団の自立的な性格に関わっており、それが中世王権や教権下における大学のギルド的形態に基づいていることに注目すれば、今日の大学改革問題としての総長学長公選を、同日のレベルでは論ずることはできない。(9)

しかし他方、大学が担っている社会的な使命と歴史的な役割は、そのような時代的制約を超えたところのあることも否定できない。前記のように京大澤柳総長事件は、大学の首長は大学の全構成員の頂点にたつとともに、その自治と改革を総括する立場を示しており、一橋方式による学長選挙は、すべての構成員による直接又は間接選挙が、大学改革と自治のために、有効な手段として提案されていたからである。ただ現実に実施されてきている首長公選における学生参加は、多様な方式があってそれらがすべて効果をあげているとはいえない。(10)むしろその選出母胎と選挙人範囲の拡大が、大学構成員の各層の役割分担等の相違を無視して行われた場合には、いわゆる民主主義の形式化と、それにともなってその空洞化が進む危険がある。

したがって私立大学の総長制を検討するためには、研究教育と管理運営におけるそれぞれの構成員の位置づけや、その役割も含む多面的な考察を必要とされる。以下ではそのような視点にたって、新制以後の私立大学一六校について検討をすすめたい。

第二節　私立大学の総長制の個別的検討

まず私立の大学別にそれぞれの総長・学長制を対象とし、学校法人（設置者）と教学（権）との関係の中で、総長又は学長が、どのように位置づけられているか、について考察し、これまで述べてきた問題点の公選論、教学権と法人問題、大学改革との関係などについて述べよう。そのため、中央大学を含め一六の大学をとりあげ、さしあたり次のように分類区分する。(11)

Ⅰ　法人教学一体制＝一元型……総長（塾長）が理事長と学長を兼任するタイプで、三位一体ともいう。

　早稲田大学、慶應義塾大学、法政大学（三校）

Ⅱ　法人教学分立制で、二元型……総長又は学長と、理事長が分立するタイプ。

　亜細亜大学、関西大学、上智大学、日本大学、立命館大学（五校）

　（総長はおかず、学長と理事長との二元型は、関西大学、上智大学の二校）

Ⅲ　法人教学分立制で、三元型……理事長と、総長又は院長と、学長の三者が分立するタイプで、制度上は二元型にも移行可能である。青山学院大学、関西学院大学、専修大学、中央大学、東海大学、同志社大学、明治大学、立教大学（八校）

1　法人教学一体制＝一元型

総長（又はこれに代わる塾長）設置大学＝「三職（総長、理事長、学長）を兼任する（「三位一体」ともいう）総長が、法人（理事会）と教学（大学以下の教育及び研究）の双方に責任を負い、それを統一する。次の三大学をあげておく。（I表参照）

(一)　慶應義塾大学

ここでは総長にあたるのは、学校法人慶應義塾の塾長である。したがって塾長が、理事長及び学長を兼ねる三職兼任（三位一体）の体制をとる。その選出は同義塾規約第八条によると、評議員若干名、大学学長及び各学部長と、その他の慶應義塾関係者の内から選ばれた者若干名によって構成される塾長候補者銓衡委員会（その規則によれば、一八人から二〇人前後）によって選定された候補者を、評議員会で選任する。[12]この場合、かつては塾長候補者を学内から推薦するとは限らなかったが、一九五五年ころより学内推薦制度が定着してきた。六四年になると「塾長候補者推薦委員会規則」が学内申し合わせとしてきめられた。それによると塾内専任者全員の投票による第一段階と、推薦委員（専任教職員の代表四三二名）の二回行う投票の第二段階との二段階の選挙によって三名以内の候補者を選ぶ。推薦委員会はこの三名を順位をつけず銓衡委員会に推薦し、同委員会はさらにこの内一名を総長候補者として選び、前記のように評議員会が最終選任する。五五―六四年以降は、塾長公選といってよい。

学生参加はない（以下学生参加については、何らかの形で関与する場合のみ特記する）。

㈡　法政大学

早稲田大学、慶応大学と並んで法人教学一体制、総長が三職を兼任する。同大学寄付行為によれば、総長は理事長として「法人を統括」「代表」し、学長として「校務を掌り、所属職員を統督する」。総長の選任はその候補者選挙規則で定められた選挙人（ほぼ全学の教職員と評議員の一部）の投票によって、その過半数を得た者について、理事会が選任する。その際の選挙人の投票の得票計算は、大学専任教員、専任職員の部長及び評議員は、一投票を二得票と計算し、大学助手、専任職員、高校教員は、一投票が一得票となっている。総長候補者として当選するためには、このような得票計算による過半数以上の得票とともに、大学専任教員の投票において過半数以上の得票がなければならないのである。

以上のように総長選任は、評議員を含めた全学構成員（但し学生を除いた）による公選であるといってよいだろう（但し助手、高校教員及び一般の専任職員に対して、大学専任教員、部長以上の専任職員、及び評議員は、その投票の実効倍率は二倍になっており、職制職位上の上位者優位の得票計算といえよう）。とりわけ大学専任教員の投票は、最も重要視されている。これは大学運営の要は、研究教育の中核を担う大学教員であることを、総長選挙に反映させたものとみなされよう(13)。

㈢　早稲田大学

校規によれば、総長は別に定められた総長選挙規則によって選任されると同時に、法人の理事長となり、かつ学長となる。総長が法人と教学の首長を同時に兼ねる。任期は四年で再選はできるが、三選はできない。

慶應義塾も三位一体の塾長制だが、塾長が学長を辞退することができ、その場合には、大学が学長を選任する。こ

体制・一元型

総長（院長・塾長）の位置づけ・役割	備　考（学生参加）	出　　典
塾長は塾務を総理し、かつ塾務全般につき慶応義塾を代表する。	戦前では塾長は、評議員によって選挙されていた。戦後になって大学学部長の参加することができるようになった。 1964年に「塾長候補者推薦委員会規則」を申し合わす。	「慶應義塾規約」 「同塾長候補銓衡委員会規則」
理事長（総長、学長を兼任）はこの法人を総括し、この法人を代表する。	選挙得票の計算……専任教員・部長職員及び評議員は１人につき各２票。助手・専任職員・高校教員は各１票。	「寄付行為」 「理事会が選定する総長候補者選挙規則」
総長はこの法人の理事長とし、かつこの法人の設置する大学の学長とする。（とくにその職務権限に規定なし）	（総長候補者に対する全在籍学生による信認投票が行われた後に決定選挙が実施される。ただし、1969年から2002年まで除斥者はいない。）	「早稲田大学校規」 「同総長選挙規則」 「同総長選挙公報2002年５月25日第５号」

（Ⅰ表） **法人教学**

大学（学校法人）名	首長名称	総長（院長・塾長）の選出	学長の選出
慶應義塾大学 （慶應義塾）	塾長 ＝理事長 ＝学長 （三役兼任）	○選挙手続…… 2 段階⑴塾長候補者推薦委員（教職員が1部門にわかれてそれぞれ選出された合計432人）会が各部門毎 2 名ずつ延べ22名の候補者を選び、この候補者について 2 回にわたる投票を行う。その結果、上位 3 名の塾長候補者を塾長候補者銓衡考委員会（塾長、元塾長、学部長職員代表者、及び評議員会議長、評議員代表以上合計21名前後）に推薦する。 ⑵塾長候補者銓衡委員会は、その 3 名中の 1 名を選考して評議員会に推薦し、評議員会で決定する。	
法政大学 （法政大学）	総長 ＝理事長 ＝学長 （三役兼任）	○被選挙人……本学専任教員で立候補者した者、又は専任教員10人以上が推薦人となり、学内もしくは学外から推薦された者。 選挙人……専任教職員及び評議員・助手・高校教員。ただし、当選者は総投票数の過半数及び同時に教員投票総数の過半数を必要とする。また得票計算では選挙人の各層に格差あり。備考参照	
早稲田大学 （早稲田大学）	総長 ＝理事長 ＝学長 （三役兼任）	○選挙手続……三段階⑴総長候補者の推薦（同候補者推薦委員会）⑵学生による信任投票　⑶決定選挙人による決定選挙。 ⑴候補者推薦委員は大学、各学校、研究所の専任教員の代表及び専任職員の代表、学外評議員の代表、いずれも互選93名前後。 ⑵信任選挙は各学部、各研究科在籍学生の過半数以上の不信認によってその候補者を除斥される。 ⑶決定選挙の選挙人は全専任教員、専任職員（勤続 8 年以上又は年齢30歳以上）及び全学外評議員、全商議員、校友会幹事他役職者（2002年現在で計2,076人）	

○ 公選　△ 非公選

れに対して、早稲田大学ではそういう規定はない。その分だけ総長の職責は重い。法人と教学の二権は、総長によって統一されている。法人（経営）と教学（研究・教育）の対立矛盾は、総長たる個人や、人格によって解消或いは統一されることになる。とすれば総長たるものにカリスマ性が期待されることであろう。創立者の信条や、建学当初の精神が尊重され、伝統化されるのは、何も早稲田大学だけではない。私学に広くみられることであろうが、それが空洞化しないためには、大学それ自体の、とりわけ教学自身の自己改革が必要であろう。

その意味で同大学の一九七〇年改正の総長選挙規則は、注目すべきである。[14] 同大学の大学改革については、この時期に並行した学校法人早稲田大学校規の改正抜きでは語れないが、それを含めた一連の改革において、最大、かつ早急の課題は、総長選挙であったと考えられる。

この新総長選挙規則によると、選挙は、①候補者の選挙、②学生による信認投票、③決定選挙の三段階があり、その第二段階において、大学院も含む全学生による総長候補者に対する信認投票が行われることが明記されている。従来の総長選挙は選挙人の選出と、その選挙人（学内教職員選挙人と、学外選挙人を合わせて二三三人）による総長選挙人会の投票決定であった。これに対して、この改正の最大の特色は、②の学生の信認投票、つまり「一橋方式」の導入であるといってよい。同時にまた③の決定選挙の選挙人を従来の二三三人から九八三人に格段に拡大（二〇〇二年四月現在では二〇七六人）されたことも注目されよう。

注目すべきはは、早大当局が当時大学改革の出発点として、この学生参加の方式を、位置づけたにもかかわらず、学生側（少なくとも当時の学生運動の過激派集団）は、その諸要求（「マスプロ教育反対」から、「造反有理」、「大学解体」に至る）からかけ離れたものとし、さらに欺瞞的であるとしてこれを「実力をもって粉砕」したことである。この当時出された早稲田大学の次の大学告示（一九七〇年九月八日）は、以上の事情を端的に語っている。

「新規則に基づく総長選挙の施行に当って、学生諸君の候補者に対する信認投票の実施に対し、実力をもって粉砕することが呼号されている。今回の選挙は、今後の大学改革を進めてゆくための出発点をなすものであり、初めて施行される『信認投票』は重要な意義をもつものである。こうした大学の重要な業務に対し物理的な力をもって妨害行為を加えることは許されない。大学は既定の方針に従って、こうした不当な行為に対処する所存である。(15)」

この新規則による最初の信認投票は、失敗に終わった。というのは投票初日の九月一〇日に「革マル派その他の集団による暴力的な妨害行為によって」学生の全投票所は破壊され、すべて投票は不可能になった。

しかし早稲田大学の新総長（この時は村井資長総長）は選出された。学生の信認投票抜きで総長選出が合法的に可能だったのである。新規則の第五〇条（前掲）は、総長選挙の第二段階即ち学生による信認投票は、妨害によって阻止された場合でも、第三段階の決定選挙に持ち込むことができると規定されていたからである。告示にみえる大学の「既定の方針」とはそれを指している。

当時ジャーナリズムの一部では「形ばかりの『学生参加』、『粉砕』された早大の信認投票」と評し、「大学側は投票妨害に対して何の予防措置もとっていなかったし、係員は投票箱が奪われるのに怒りさえ示さなかった。」大学側の責任者が「それほどのことまでして、学生の意思を聞かなければならんとは考えなかった」と述べたことなどをあげた上で、次のように結論している。「激しい紛争を経験した早稲田大学の場合、『学生参加』に積極的な意欲を持っていなかったことはは確かである。(16)」これに対して大学側の見解は、必ずしも一様ではないと思われるが、次のような主張もある。「学生による信認投票に臨む大学執行部の姿勢はここに酷評されるほど不真面目なものではなかった。『もしも全候補者につき不信認が成立したら』という極端な場合すら当局では議論されており（中略）信認投票は（中略）学生の絶大な関心の下に正常に実施された場合の効果を考えるならば、決して欺瞞的なものでも虚名の学生参加でもない。」したがって暴力的な一部の学生の行動や、大学当局の態度に対するジャーナリズムの批判も、「これしきのこと」を「超克できないようでは、学問・教育の名に悖る」と述べた上で、この一連の経過について「心ある人々に暗然たる思いを抱かせたものは、寧ろ圧倒的多数を占めた『一般学生』に蔓延しつつある『無関心』ではなかったか。」と締めくくっている。(17)

その後の総長選挙は、七〇年一〇月の村井資長選出の時から、〇二年六月の白井克彦選出に至るまで、学生の信認投票はその都度行われている。しかし今日に至るまで、「学生の絶大な関心の下に正常に実施された」かどうかについては、判断する材料はない。その投票数やその在籍学生数に対するパーセンテージからだけでは、その評価はできないように思われる。(18)というのは、総長選挙における学生参加制は、大学側によってそれ自体を、大学自治と改革実施の逆アリバイ証明に転化させる可能性があり、民主主義の形式上の徹底は、却って民主主義の実質を空洞化することになりかねないという疑点は残されているからである。

その点では学長候補者への信認投票即ち一橋方式の関西大学、関西学院大学（いずれも後述）の場合も同様と考えられる。立命館大学（学生代表による総長間接選挙）や、同志社大学（教職員と学生参加の学長除斥投票）の場合も、手続き条件は異なるが、学生参加のもつ理念と現実の落差を、選挙実施の度ごとに考えさせられる状況にあるのではないか。

したがって問題は、大学の全構成員の頂点にたち、その自治と改革を総括する総長（学長）は、そのための選挙に何らかの形で学生の参加を認める場合と、あるいは、その問題解決の為に、何らかの方法を講じていたとしても、学生参加を認めない場合とのいずれが、大学運営上望ましいか、という点にあろう。本稿に例示する私立一六大学のうち、早稲田、関西大学、関西学院、立命館、同志社の五大学は、前者であり、それ以外の一一大学は後者である。

2　法人教学分立制＝二元型

理事長に対して、総長又は学長がおかれ、法人（理事長）に対して教学（学長）が分立する。この二元型のうち総長をおかず、学長が教学を代表する大学は、Ⅰ、Ⅱ、Ⅲに分類した一六大学のうち、亜細亜、関西、上智の三大学にすぎないが、この外にも総長不設置即ち法人＝理事長と、教学＝学長という機構による私立大学は多い。戦後創立の新制大学の殆どがこのタイプであろう。その根拠となったのは、いうまでもなく、学校教育法五八条、及び私立学校法三五―三九条である。戦前の旧大学令による大学の中で、学長制で今日に至っているのは、国公立大学では勿論のことであるが、私立でもこの三校に限らず、一般的にみられる通りである。

総長のおかれる大学でも、総長が同時に学長を兼ねる場合には、法人＝理事長に対して教学＝総長（学長）という二元型になる（日本大学及び立命館大学）（Ⅱ表参照）。

(四)　亜細亜大学

学長は公選である。学長候補者は、選挙人（専任教員と一定資格の職員）と法人役員、評議員一五人以上によって推薦された者（一人でも複数でも可）である。この学長候補者を、選挙人の直接投票で選任する。この外に会長（理事の互選）があるが、理事長の諮問機関的役割で、常置されていない。現在は空席である。

制・二元型

総長（院長）の位置づけ・役割	備　考（学生参加）	出　　典
学長は亜細亜大学の校務をつかさどり、所属職員を統督する。（会長は五島昇氏逝去（平成元）以後空席）		「寄付行為」 「亜細亜大学学長に関する規程」 「同学長候補者選出に関する規程」
学長の職務権限については、その専決事項（非常勤講師の委嘱など４項目）以外に規程はない。（「事務専決に関する理事会内規」）	（学生の除斥投票は在籍学生数の 1/3 以上の除斥のあった候補者を失格とする。）	「寄付行為」 「学長選挙規程」
学長は本学を代表し、大学の校務全般を統括する。（学則第８条第２項）	かつて理事長と学長が兼任したことあり。（69年紛争当時に学生の要求があったが、その学長選挙参加は認められなかった。）	「寄付行為」 「学長の選考に関する規則」 『上智大学50年史』
「総長はこの法人の設置する大学の学長となり、この法人の設置する学校の教学に関する事項を総理する。」	公選制化した総長選挙規則は1969年８月の制定であり、同時に最初の総長選挙が行われた。現行規則も基本的には同じ内容。	「寄付行為」 「総長選挙規則」
「この法人の設置する学校その他一般教学に関する事項を総括するため総長を置く。」「総長は立命館にあっては本学の学長を兼ねるとともに学校法人の理事であり、外に対しては教学に関した法人及び大学を代表し、内にあっては大学高等学校及び中学校の教学に関する諸事項を総括する」	（総長選挙において選挙人251人のうち、学生、生徒代表が62人である。この学生参加の規程改訂は1968年12月である。）	「寄付行為」「同細則」 「総長選挙規程」 「学園通信」1998年10月１日号総長選挙特集。

〈Ⅱ表〉

法人教

大学（学校法人）名	首長名称	総長（院長）の選出	学長の選出
亜細亜大学 （アジア学園）	理事長 学長（会長）	（会長は「理事の互選により置くことができる」（但し現在空席のまま）「会長はこの法人の重要な業務につき理事長の要請に応じて意見を述べる」）	○学長候補者の推薦人の 事・監事・評議員及び学長 挙人（学長・専任教員及び 長・参事以上の職員）によ て推薦された候補者（複数 を上記選挙人が投票。
関西大学 （関西大学）	理事長 学長		○学長の被選挙権者は現職 任教授に限る。学長候補者 考委員会（専任教員及び専 職員のそれぞれ代表）は３ の学長候補者を選ぶ。この 名について全院生・学生に る除斥投票を行う。しかる ち、残った候補者について 任教員のみで投票する。
上智大学 （上智学院）	理事長 学長	（1951年に新制大学移行後、従来の総長・学長呼称まちまちであった制度を改め学長とした）	○学長候補者選考委員会（ 事・評議員会の代表、各教授 の代表及び職員の代表）に って学長候補者３名を選ぶ。 この３名の候補者について 任の教職員のみによって投 を行う。
日本大学 （日本大学）	理事長 学長	（他に総裁、会頭及び理事会長などあり、いずれも不常置）	○総長候補者推薦委員会（ 人・本部・各学部・通信教 部・短大・付属校校長のそ ぞれの代表66人）が同大学 授又は元教授の中から２～ 名の候補者を推薦する。こ 候補者に対して選挙人（大 専任講師以上、高校教頭以 職員の一定資格者以上の 員）による投票。
立命館大学 （立命館）	理事長 総長	○総長候補者は専任教員か又は元教員に限る。総長候補者 推薦委員会（理事７人、大学協議員８人、評議員２人、専 任教員８人、高等学校・中学校教員３人、専任職員４人 学生３人計35人）の協議により、３～５人の候補者を選ぶ 以上の候補者に対して選挙人による投票。 選挙人は、理事・監事から12人、評議員から13人、専任の 教員は各学部から計96人、高等学校・中学校から計36人 専任職員から計32人、学生・生徒の代表62人、以上合計 251人による間接選挙。　（1998年10月現在	

○ 公選　△ 非公選

(五)　関西大学

今日の私立大学の大半は、総長は置かない。しかし旧制時代から大学では、旧制帝国大学総長にならったか否かは別として、多くの大学で総長制を布く。関西大学及び次に述べる上智大学では、総長制をとらない。小稿にとりあげた一六大学の中で、戦後の新制大学は三大学（青山、亜細亜、東海）であるが、いずれも理事長、学長の外に総長（又は院長、会長）を置いている。

総長制或いは総長に関わる役割は、この二大学では誰がどのように果たしているのか、という点が注目されよう。同時に一方では総長にそもそも固有の役割があるのか、公法上の役職規定以外に、大学運営上に必要な存在とは何か、といった問題を提起しているようである。

同大学百年史によると、新制大学に移行後、法人と教学の対立調整がつかず、学長選任権の自治的慣行が危機に陥った時期があった。調停的な役割での総長の存在を、意識したか否かについての当時の教学側（教授会）の動向は、同百年史では不明である。しかし、その後現行の学長選挙規定を制定させている点と、さらに学長候補者に対する学生の除斥投票を制度化していることは、指摘しておきたい。Ⅱ表参照。

(六)　上智大学

学校法人上智学院の「寄付行為」第六条の理事の項の筆頭に「イエズス会上智学院長」の名がある。しかしそれ以外に「上智院長」には特別の規定はない。理事長が学長を兼任した一時期があり、規定上それも可能であるが、一般的には法人は理事長、教学は学長という枠内にはいる。

注目すべきは、同大学では旧制時代に総長、学長という二つの名称が交錯して使われており、新制大学になって学長の名称になったことである。『上智大学五十年史』によると「上智大学ではははじめは学長と称していたところ、一九三九（昭和一四）年に総長を称することになり、それが新制大学に切り替えたときにふたたび学長の名称に戻ったのである。新制度においても、学長と呼ぶことを強制されたわけではなかった。しかし、大学の長は学長と称することが望ましいという当局の意向に大学はすすんで同調した」（同書一八二―三頁）結果である。

もう一つ指摘しておきたいのは、現行の「学長選考に関する規則」はⅡ表の如く、教職員による公選であるが、その制定の前提に、「学長選挙への学生参加」の要求があったことである。一九六九年一月学園紛争の最中に、同大学学生会長は、「学長選挙への学生参加に関して」という一項をその要求書に示して、当時の守屋美賀雄学長に提出し、これに答える形で、それまでの学長決定の方法を、選挙制に改めた。しかし公選の内容は、学生の参加は候補者への除斥投票すらなく、選挙人は専任の教職員だけであった。学長公選に学生参加なくして、紛争解決と大学改革が進められたというべきであろう（『上智大学史資料集』第五集二二一―六頁）。

㈦　日本大学

同大学の総長制は、一九二〇（大正九）年の大学令施行を契機としている。その翌々年に寄付行為を改訂して「本大学ニ総長学長及理事ヲ置ク総長学長ハ理事中ヨリ理事之ヲ互選ス」とした。この時学長のほかに総長を新たに設置したのは、「本大学ハ次第ニ発展シ法文学部商学部ノ外専門学校令ニ依ル多クノ学科ヲ存スルヲ以テ新ニ総長ヲ置」と、その改正理由に述べている。[19] 複数の学部及び、併設されている専門学校令による専門部を、総括するためと解されよう。以来総長、学長はともに理事による互選であった。

現行の総長（学長を兼帯する）公選制（Ⅱ表）は、一九四九（昭和四四）年の総長選挙規則の制定によるものであって、当時の学園紛争の影響の下にあったことは否定できないであろう。この制度について「日本大学新聞」（一九四九年九月一五日付　七六二号）は「①有権者をなぜ全教職員としなかったのか②選挙管理委員の選出基準が明示されていない③学生の参加が認められていない、という問題点が残る」と評した。(20)

(八)　立命館大学

「総長は、立命館大学の学長を兼ねるとともに、学校法人立命館の理事であり、外に対しては教学に関して学園を代表し、内にあっては法人の設置する学校の教学に関する諸事項を統括する」（学校法人立命館総長選挙規程前文）同寄付行為第六条によると総長は、「この法人の設置する学校その他一般教学に関する事項を総括する」、また総長が推薦する副総長をおくことができる。

この大学の総長制度で注目すべきは、一、総長の職権の範囲　二、総長選挙の方法の二点である。まず一の総長の職権については、「寄付行為施行細則第一条」の改訂経過の中で興味ある事実が知られる。一九八八（昭和六三）年以前では、「総長は、各学部長、教学部長、学生部長、人文科学研究所長、理工学研究所長、図書館長、および各学校長に対し一般教育上必要あるときは命令を発することができる」(21)とある。

その職権行使にあたっては、「関係諸機関の意志に基づいて民主的になされることが、諸規定上明らかであり、既にその諸規定運用においてもすでに確立された慣行となっている」（前記総長選挙規程前文）。前文とはいえ、規程の中に運用上の慣行云々を述べることは、異例といわねばならないが、その実態は別として、二つの規定上の総長職権には、若干の相違がある。即ち寄付行為第六条では、総長の総括しうる範囲は、大学以下中学校までの諸学校の、一般教学に関する事項であった。一方改訂前の同施行細則第一条では、総長の命令権が、大学以下研究所も含めた諸学校の長に対する、一般教育上のことに限られている。前者は「教学」つまり教育と学問の両方に及び、後者では「教育上必要あるとき」という限定がある。総長が大学の「教育」と学問＝研究を総括するか、または「教育」上の命令権に止まるか、いずれか判断できない。

この曖昧さは、実際には前記のような「民主的に」確立された「運用上の慣行」によって克服されたか、あるいは後者の教育上の命令権は、親規程（「寄付行為」第六条）の「一般教学に関する事項を総括する」総長職権の具体的な内容を「教育権」と規定したものとするか、いずれかであろう。

この職権規定の微妙な食い違いは、その後、施行細則第一条を改訂することによって解消した。即ち総長の教育上の命令権を削除して、「総長は本法人の設置する各学校の教学を総括する」とし、教学総括権に一本化した（一九八八年改訂同施行細則）。

一見何でもない字句の修正のようでもあるが、そこには私学の教学運営上重要な問題点がある。学校法人立命館総長の教学総括権とは、その下にある複数の大学、高等学校及び中学校のそれぞれに、その教学権の自主性を認めた上で、立命館全体の統一性、あるいは独自性を維持するための総括と解釈できよう。

とすれば、法人と教学の二権分立の建て前からして、法人に対しては教学を総括する立場からこれを代表し、教学においては複数の大学、諸学部、諸学校を統一運営するのが、総長の教学総括ということであろう。その際総長は後述のように、立命館大学の教学関係者からのみ選任されていることは、とくに注目すべきである。即ち教学出身の総長は、学長を兼任する一方、法人（経営財政）と教学（教育研究）との、ともすると対立的な私学運営の局面では、両者の調停者的立場に立つことが予想される。

この意味でI表の早稲田大学等三校や、Ⅲ表の明治大学等の諸大学と異なるが、他方院長が教学権を代表するⅢ表の青山学院、立教学院の二校と共通する点がある。

次に総長選挙規程を見ると、選挙人による間接選挙であり、以下のように公選制である。

①総長適格者……立命館大学及び同アジア太平洋大学専任教員または、元専任教員、②任期……四年、一回のみ重任可能、③選挙管理委員……法人役員、評議員、各学部専任教員、各高等学校教員、専任職員、学生（以上で一六人）、④候補者推薦委員……理事、大学協議員、評議員、専任教員、専任職員（以上で三一人）、学生（三人）、⑤選挙人……法人役員、評議員、専任教員、専任職員（以上で一八九人）、学生（大学院各研究科、一部二部各学部、高校生、以上で六二人）となっている。[22]

以上にみられるように、この選挙制度の特徴は、一、理事、監事、評議員（以上法人）、教職員、学生生徒（以上教学）というすべての学園構成員が参加する。二、各構成員の区分（選挙区）ごとに選出された選挙人による間接選挙である、という二点であろう。学生のみならず高等学校生徒にも、間接選挙の参加を認めているのは、寡聞にして他の例を知らない。同学園の「学園通信」の最も新しい総長選挙特集によると、学園の「全構成員自治による学園創造の根幹」は二つあり、一つはこの総長選挙制度であり、他の一つは「全学協議会」である。[23]後者の制度的根拠や、前者との関係は不明である。総長選挙規程前文（前掲）にあるようにすでに確立されている「民主的」な「運用」上の「慣行」が、両者による学園自治の基礎となっているかの如くである。

以上のように立命館総長制度は、その職権や選挙方法上比較的整備されており、時代的に変化はしていることも判明する。一方、そのわりには法人や他の教学機関との制度的関連と、その位置づけは必ずしも明確ではない点もあることも否定できない。立命館に限らず、総長制（院長制）をとる他の私立大学でもこの点は同様である。

それは、まず総長制自体が学校教育法、私立学校法等公法上に規定されていないからであろう。と同時にそれは私立大学固有の法人と教学関係との矛盾、又はその関係の流動性、可変的な性格（によってこれを明確に規定化しえないこと）に基づく。むしろ、総長制についてとくにその職務権限を制度上明らかに規定しない方が、私立大学経営の運用上都合がいいというのが実態ではなかろうか。

3　法人教学分立制＝三元型

このタイプは、Ⅰの法人教学一体制（一元型）に対して、Ⅱと同様法人教学分立制である。ただしⅡの二元型に対して、Ⅲは理事長、総長（もしくは院長）、及び学長の三者が鼎立する点で異なっている。ここに取りあげた一六大学のうち、中央大学を含めて八大学である。三元型であるが、制度的には二元型にも移行でき、実際にも行われている。一元型への移行はできないように、制度的に歯止めがかけられている大学もあるが、一般的にはそのような規制はない。その点ではフレキシブルではあるが、ほかに比べて最もわかりにくい構造である。したがってこれらの実態を明らかにするためには、迂遠のようだが大学別に検討する外はない（Ⅲ表1参照）。

㈨　青山学院大学

学校法人の代表する理事長と、「青山学院全般（幼稚園から大学まで）を統理し」、「外部に対し学院を代表する」院長があり、別々に選任される。両者の職務権限の範囲は明定されず、また兼任することが可能である。さらに学長のまま院長に選任された時期もあった（大木金次郎教授の理事長院長時代、及び同院長学長時代）。しかし理事長院長及び学長の三職兼任の歴史はない。即ちⅠの大学群のような法人教学一体＝一元型には転化しえないようである。

院長の選任には、評議員以外の教員は参加せず、学長の選挙では、学長選挙総会において専任教職員の直接選挙が

制・三元型

総長（院長）及び学長の位置づけ・役割	備　考（学生参加）	出　　典
院長「学校法人青山学院理事会に対して責任を負う」、「外部に対して学院を代表する」、「学院全教職員会の議長となる」学長「本学を代表し、校務を総括し、嘱託の職員を統督する」「教育上の成績に対して院長に対する責を負う」	院長の理事長及び学長兼任時代があった（大木金次郎時代）。 院長の諮問機関に全学院協議会がある。	「寄付行為」 「同施行細則」 「同大学職制」
院長は「この法人の設置する学校の一切の校務を統括するとともに（中略）教学と経営との調和発展を図るものとする。」（施行細則第3条）（学長については職務権限に関する規定はない。）	（69年以降全学生による学長候補者の除斥投票が行われている。最近の投票率3％）「学長辞任請求規程」によって、教職員と並んで学生の学長辞任請求も決められている。	「寄付行為」 「同施行細則」 「院長選任規程」 「学長選考規程」 『同百年史』 『関学ジャーナル』175号（'01. 10. 1付）
「総長はこの法人統合の表徴であって、これによって創立の精神を護持する」（寄付行為）「学長は大学を代表し、校務を掌り職員を統督する。」（学則第40条）		「寄付行為」 「学長選任に関する規程」
総長たる理事を理事長に選任すること及び、総長と学長を兼ねることはできる。但し三役兼任はできない。 「総長はこの法人の設置する学校その他学術研究機関を総括統理する」（基本規程） 「学長は中央大学の校務を掌り、所属職員を統督する」（学則第2条）	全学的な教学または研究教育問題に対する総長の諮問機関として、「教学審議会」及び「研究教育問題審議会」がある。 前者は法人所属の研究所・学校の教育問題について審議し、後者は諮問に対する答申の他、教授会の議を経た意見具申を行うことができる。	「中央大学基本規定」 「総長に関する検討委員会答申」 「学長に関する規則」「教学審議会規程」 「研究・教育問題審議会規定」

〈Ⅲ表1〉　　　　　　　　　　　　　　　　　　　　**法人教**

大学（学校法人）名	首長名称	総長（院長）の選出	学長の選出
青山学院大学 （青山学院）	理事長 院長 学長	△院長選考委員会（評議員全員）により同候補者3名を選定する。理事会はその3名について投票する。総投票数のうち2/3以上を必要とする。（院長に学長を兼任することは可）	○学長選考委員会（院長、 学部より互選の専任教員・ 学職員の互選による3名計 名）の選挙による上位者3 について選挙人（大学専任 員全員とその1/6の大学職員 による投票。
関西学院大学 （関西学院）	理事長 院長 学長	△院長の有資格者は専任教職員且つ福音主義のキリスト者、院長選考委員会（理事全員、同数の教職員代表）によって選定された5～10名の候補者に対して選挙人（理事、評議員、専任の教職員）の選挙による。（理事長、院長の兼任可）	○学長の有資格者は専任教授・ 教授。選考は第一次選挙、除斥投 及び第二次選挙による。 第一次……専任教員（専任講師を む）が投票して上位5人を候補者 ストに登録する。 除斥投票……全学生により除斥 票、在籍学生の過半数に及んだ候 者は除斥。 第二次……除斥後の候補者リスト ついて、専任教職員の投票を行う。
専修大学 （専修大学）	理事長 総長 学長	△「総長は創立精神を護持する」「この法人は理事会の定めた総意に基づき総長を推薦することが出来る」（常置でなく、現在は空席）	○学長候補有資格者……⑴専 教員。⑵現職の学長が推薦す 学識者。⑶専任講師以上の教 の20名以上が推薦する学識者。 選挙人……講師以上の専任教 と主任以上の専任職員。
中央大学 （中央大学）	理事長 総長 学長	△総長は原則として中央大学教授の中から選任する（基本規程改正の附帯決議1978年7月） 総長選考委員会（学長以下教職員の代表及び理事会・評議員の代表計60人）が選考した候補について理事会が選任する。（総長・理事長の兼任及び総長・学長の兼任は可。）	○学長の被選挙資格……専 任教授 選挙人……各学部教授会 （教授、助教授、専任講師 及び専任職員中一定の有 格者（参与、参事、副参事 は全員。主事及び副主事 互選による若干人で計15 人）

○ 公選　△ 非公選

行われる。後者は学内公選といえよう。ただし両者の職権の範囲は不明確である。例えば学長は「教育上の成績に関して、院長に責任を負う」[24]となっている。がしかし、教育及びそれと不可分の関係にある研究は、大学に限らずすべて教員の責任であるはずである。したがって教育のみをきりはなして学長・委員長に責任を負わせるということは、納得しがたい。総長に教育を、学長に研究をそれぞれ総括するという例は他の大学にもあるが、そのような分業によって大学の自治と教学の自由を保障するためには、両者の公選が前提でなければならない。この場合も同様であろう。

同学院には常務委員会（学務、財務、人事等の審議機関）及び全学院協議会（院長の諮問機関）があり[25]、全学院規模で意見調整機能を果たしているように思われるが如何であろうか。

(二)　関西学院大学

理事長は法人の事務を総括し、法人を代表する、つまり経営責任者である。院長は「法人設置の学校の一切の校務を総括する」というのであるから、学校教育法にいう大学の学長、校長等にあたり、教学の代表である。関西学院には、大学の外に高等学校、中学校があり、それぞれに校長が任命されており、大学には学長が選任されている。大学の「校務を掌り、職員を統督する」のは、勿論学長である。しかし「寄付行為」上に学長の職権について規定はない。したがって教学又は大学運営上の、院長と学長の職務権限の関係は、微妙かつ曖昧である。

理事長は院長を兼ねることは可能であり、ある時期には実際に行われている[26]（『関西学院の百年』年表）。また院長が学長代理を兼任した一時期（一九六九年一—三月）もあった。このような経緯をふまえてみると、「院長はこの法人の設置する学校の一切の校務を総括するにあたり、寄付行為第三条に基づき教学と経営との調和発展を図るものとする」[27]と規定した院長の役割も理解できよう。

一般的にいって、法人と教学分立のもとで、総長（院長）が設置された場合、彼らは両者の調停者的な役割を担うことが期待されているように思われる。それは関西学院に限ったことではないことは前述（立命館の項）した。また公法上のみならず、実務的にも法人教学の大学運営上の問題解決に、総長的存在が必須不可欠であると考えることはなお疑問である。Ⅱ表の関西大学や、上智大学の実例があるからである。

院長の選任は次の通りである。院長選考委員会（理事及び理事と同数の専任教員代表によって構成される）で選定された五名―一〇名の院長候補者（専任教職員で且つ寄付行為で定める福音主義のキリスト者）について、理事、評議員、及び満二年以上在職の専任教職員全員が選挙する。[28]

ついで、学長選挙における学生参加及び、教職員並びに学生による学長辞任請求に触れておく。その発端は、大学紛争中の一九六九（昭和四四）年五月七日に提案された「関西学院大学改革に関する学長代行提案」[29]である。その中で大学の意志決定と管理の諸改革の一つとして、学長選挙の改革をあげた。「学長は全学の意志の統合者であるべきだから、学長選挙への学生の参加は認めるべきであろう。推薦された若干名の候補者について、学生にその信任を問うという一橋大学方式がもっともよいと思われる。」という趣旨[30]で、「学長選挙規程」及びリコール制を取り入れた「学長辞任請求規程」が成立した。その最初の選挙は同年一一月から一二月にかけて行われた。その中で全学生にはじめての除斥投票書類が送られたが、八人の学長候補者の内、除斥の成立した候補者（学生総数の過半数の不信認のあった者）はなかった。その結果に基づいて第二次選挙が行われ、小寺武四郎教授が学長に選出された。この新学長選挙規程は現在まで続いている。最近の例（二〇〇一年七―一〇月）でも投票総数は、投票権者の約三％にすぎず、除斥された候補者は一人もいなかった。[31]

(二) 専修大学

総長は「法人統合の表徴であって、これによって創立の精神を護持する」とされ、その選任は「理事会の定めた各機関の総意に基づき」「推戴することができる」と規定されている[32]（寄付行為第五条）。その職制上の性格は抽象的に過ぎ、その選出方法はこれまた、具体性にとぼしい。しかしそれは案外、私立大学の総長制の本質を示しているように思われる。ただし常時おかれるわけでなく、空席の時期はある。

学長についてはⅢ表1にみるように、公選である[33]。規定の上でみてゆくと、理事長は「法令及びこの寄付行為に基づきこの法人を統括し、かつ、この法人を代表する。」（「同大学寄付行為第一五条）とあり、学長は「大学を代表し、校務を掌り、職員を統督する」[34]（同学則第四〇条）と規定している。「学校教育法」と「私立学校法」に殆ど過不足なく準拠している。その限りでいえば、総長の具体的な職権規定がないのは自然であろう。前記のようにその職制上の規定が、抽象化されておかれるのは、関西学院院長の「教学と経営との調和発展を図る」という職務規定同様、三元型の大学の一つの特徴を示すものと考えられよう。

(三) 中央大学

総長はその選考委員会の選任によるが（Ⅲ表1）、同委員会の委員の半数は理事会及び評議員会で互選した者であり、残りの半数が教職員の代表で構成されている[35]（同大学基本規定第六条）。学長は全学専任教員と、一定の枠内の職員による直接選挙である。専任の教職員にとっては、総長は非公選であるが、学長は公選である。

総長は、教学審議会（全学的な総長の諮問機関）の審議に制約されるものの、大学以下研究所、高等学校などの諸学校の教学権を総括する。学長は大学の校務を掌り、所属職員を統督すると規定されている[36]。とすれば両者の職務権限は、相互に抵触せざるをえない。これまでみてきた三元型の諸大学でも、総長、学長の権限が明記されている場合には、却ってこの点についての重複、抵触はさけられていない。したがって学長の職務権限について、明記しない大学（東海大学、明治大学等）もあるが、それも一つの方法であろう。いずれにせよ諸学校の教育体系全体の調整と、経営と教学との「調和、発展」機能が総長に期待される。勿論学長によってもそれは可能であることは、二元型の大学の実例を引くまでもないであろう。

中央大学総長は、現行規定のもとで選任されれば理事長を兼任できるし、又公選学長が総長に選任されてこれを兼任できる。後者は二元型への移行であるが、この場合は法人（理事会）と教学（総長兼学長）という運営上の役割分業が明確透明化される。しかし前者の場合は総長兼理事長が、経営と教学の双方の責任を負うことになる。それ故に公選学長以下の教学権との相互抵触は、制度上のみならず現実にも不可避となり、それまでの慣行で乗り越えることができないほどに深刻化する。その点は章節を改めて、後述する。（以下Ⅲ表2）

(三)　東海大学

戦後の新制大学で総長制をとる大学は、この大学の外には近畿大学、帝京大学等数えるほどしかない。旧制大学時代から引き継いだ他大学とは、聊か異なった理由で、これらの新制大学に総長制を発足させたようである。東海大学の「総長は、建学の精神に則り、この法人の設置する学校の教育を総括する。」(37)（「寄付行為」第五条）のであるが、総括の対象となる「学校」は、東海大学をはじめ三大学、二短大、九高校、三中学、一小学、二幼稚園の計二〇校である(38)（同第四条）。系列下の諸学校の「教育」乃至は「教学」を総括する総長の例は、珍しくはない。

東海大学の総長の特徴の一つは、三元型であるが規定の上では、一元型にも二元型にも移行することは禁止されていない。現在（〇二年一一月）総長は、理事長及び学長を兼ねており、いわゆる三位一体の一元型である。また他の一つは総長は「学長会議」を招集して、その議長となることである。同法人には東海大学、北海道東海大学、九州東海大学の三大学があり、学長会議は、各大学の重要事項や、総長の諮問事項等を審議することになっている。三大学の教育の総括を、総長に保障する最高の機関が、この学長会議である。総長の選任は、Ⅲ表2の如くである。また学長の選任は、規定によれば「学校法人東海大学理事会の同意を得て、理事長が任命する」[39]。制度上いずれも非公選である。とすれば東海三大学における教育上の自由は、一定の保障と同時に制約をうけるということになろう。

㈣　同志社大学

戦前旧制大学時代に総長制であったが、戦後新制に移行する際に、学校教育法、私立学校法によって法文上総長制は不要として、いったん廃止された。しかし多くの学校を設置する法人としては、「これらの諸学校の教学を統括するために総長の選任が必要」[40]として、総長が復活し、学長の公選（専任教員による）も始まった。

したがって理事長、総長、学長の三元型であるが、理事長は、総長をもってこれに当てることができるとしている。総長は大学、女子大、女子短期大学、高等学校、中学校、幼稚園等の各学校の教学を統括する[41]（「寄付行為」第三、四条）。理事長及び学長の職務権限については、とくに規定がなく、学長については学則第一七条にその設置は規定されているが、その職務権限は明記されていない。したがって総長と学長の、大学に関する職務権限の区分も、規定上は不明である。

とくに総長の教学統括権が、大学に及ぶとすると、学校教育法にいう学長の「校務を掌」る職務権限と重なるから、教学運営上問題化するおそれがあろう。学長の選任は後述のように、学生も含めた全大学構成員による公選であるが、総長はⅢ表2のように、その選出母胎を異にする。法人内の職制職位では、総長が上位であるが、大学の意志決定上において、とりわけ研究教育上の問題について、両者の意見の食い違いが生じた場合に、どのような形（個人的にか、何らかの調整機関を通じてか、その他）で、その調整を行うのか、やはり問題が残るのではあるまいか。

さらに又総長が上記のように理事長を兼任した時、大学運営上の重要な問題、例えば経営と教学とが対立せざるを得ない状況に置かれた場合、教学の自律自主＝自治は、如何にして確保できるか、否か、調整役たる総長はきわめて困難な立場にたたせられるのではないか。これは同志社のみならず、とくに三元型の大学に共通する問題であろう。

同学長選挙に全学生が参加する方式は、一九五四（昭和二九）年から採用された。現在行われている選挙要項によると、第一次選挙と第二次及び第三次選挙（決選）に区分される。第一次では全専任教職員、全学生が投票し、被選挙人（同志社大学専任教授）の内、過半数を得た者を当選者＝大学長候補者とする。ただし専任職員並びに学生の一人一票に対して、専任教員の一票は二票に換算される（実効投票数）。第一次選挙で過半数をえた者がいない時は、その時の高点者三名を第二次選挙の候補者とし、学生を除いた専任教員と専任職員によって投票が行われる。この場合も実効投票率は、第一次選挙と同様である。

この方式は五四年四月二七日の学生大会の要請に応じて制度化したとされ、戦後学園民主化の動向の一つとして捉えることができるとすれば、一橋大学に次ぐ、私立大学としては最初の学生参加として評価できよう。その後学生の投票参加の実態は、他大学のそれと変わらないとしても、画期的なこととして注目されよう。(42)

㈤　明治大学

総長は、学校法人明治大学の設置する学校の教育を総括する。又総長は、学長を兼ねることができる（現在、総長

□制・三元型

総長（院長）及び学長の位置づけ・役割	備　考（学生参加）	出　　典
総長の建学の精神に則り、この法人の設置する学校教育を総括する。	総長は学長会議の議長（東海・九州・北海道の三大学） 法人設置の諸学校は大学・短大・高校・中学・小学・幼稚園	「寄付行為」 『東海大学五十年史』 「学長及び副学長選任規程」
総長制復活の根拠……学校教育法・私立学校法制定により、総長制は不要と判断して一旦廃止した。しかしのち「多くの学校を設置する法人としては」「これらの諸学校の教学を統轄するために総長は必要と」して復活した。学長の職務権限については不明記。	（学長選挙への学生参加について1954年（昭29）4月27日の学生大会で学生参加が要求され、同6月から実施、第1回目は大下角一教授が当選。最近では約3％の投票率）	「寄付行為」 「同志社学長選出施行要項」 『同志社百年史通史編二』 社史資料室（担当者寄）
「総長は、この法人の設置する学校の教育を総括する」総長の学長兼任は可。学長の権限については不明記。学則も同じ。	総長と学長の選任の順序は必ず、総長を先とし、学長はその後とする。現在兼任は慣行としていない。	「寄付行為」 「同施行細則」 2005年（平成17）4月1日総長制を廃止した。
院長はこの法人の設置する学校および研究に関する事項を統轄する。 総長は大学を代表し、校務全般を統括する。	院長は総長を兼任することは可。	「寄付行為」 「立教学院職位職制規程」 「立教大学総長候補者選挙規程」

〈Ⅲ表２〉　　　　　　　　　　　　　　　　　　　　　　法人教

大学（学校法人）名	首長名称	総長（院長）の選出	学長の選出
東海大学 （東海大学）	理事長 総長 学長	△理事会が評議員の意見を聴いて選任する。（総長・学長・理事長の兼任可。2002年11月現在、三職は兼任されている。）	△理事会の同意を得て理長が任命する。 （学長・副学長とも職務限の明記はない。）
同志社大学 （同志社）	理事長 総長 学長	○1955年（昭30）以来暫定的手続　理事長があらかじめ、延人数10名の総長候補者（教職員から５名、校友会から３名、同窓会から２名）の推薦を求め、この推薦された候補者について、教職員の直接選挙によって総長を選任する。総得票の過半数を得たものが当選する。（理事長の総長兼任は可能）	○1954年（昭29）以来暫定的手続 被選挙人……65歳未満、在職年以上の専任教授 選挙人……専任教員、職員及び学 第一次投票……教員１人で２票他は各１票、総有効投票の2/3得票者が当選。 以上もし当選者欠の時は上位３を選び第２次投票に進む。 第二次投票……専任教員のみで票し、その過半数で当選
明治大学 （明治大学）	理事長 総長 学長	△総長は評議員会で選任する。手続は総長選考委員会（評議員９人、各学部、短大教授会で選出した専任教授各１人、理事長の推薦した顧問２人で構成）において2/3の委員の同意によって候補者をきめ、評議員会において選任する。	○学長の選任は学部連合授会の選考を経なければらない。選考した学長候者は、理事長がこれを評員会の承認を得なければらない。
立教大学 （立教学院）	理事長 院長 総長	△院長の選任は、理事会においてこれを行う。	○立教大学総長の任命は、立教学教職員の選挙にもとづき、理会においてこれを行う。 　第一次選挙……総長選挙候補推薦委員会において推薦された補者について選挙人（専任の勤員でチャプレン、専任教職員等校務職員も含む）が投票し、上３名まで候補者をしぼる。 　第二次選挙……上記の３人にいて第二次選挙人（専任教授以教員とチャプレン・カウンセラ及び一部の職員・技術員）が投し、１人を選出する。

○ 公選　△ 非公選

の学長兼任はない）。総長の選任はⅢ表2に示されるように専任教員にとっては、非公選といってよい。一方学長選任は手続き上、学部連合教授会による学長候補者の推薦を必要とし、評議員会の承認で決められる。したがってこの場合は、全学の教授会員による公選といえよう。

総長は「学校の教育の総括」するという規定は、いわゆる「教学」から、学問研究分野を除いて、教育だけに限定したわけである。ほかに東海大学の総長に例がある。しかし一般的には、「教学を総括する」か、さもなければ職権規定はない。総長の職務権限とはまことに厄介なもので、いかように規定しても、又無規定であっても、「教学」関係の諸問題を総括することを前提にしていると考えるより外はない。勿論総括の対象となる具体的問題や、「総括」の方法は多様であろう。しかし三元型の総長でなければ不可能ということではあるまい。二元型の学長の例もあるからである。

一方明治大学長についてみると、その職務については特別の規定はない(43)（同寄付行為並びに同細則）。したがって学校教育法や、私立学校法に準拠すれば、学長の校務を掌る権限は、総長の教育を総括する権限に抵触する。教学は大学において、もともと一体の筈だからである。同大学ではこのような規定上の不明確さ曖昧さは、永年にわたる慣行をもとにして克服しているとみるべきであろう。又選任手続き上、同時期に総長、学長の順で行われるから、総長が学長を兼ねることは十分考えられ、また規定上可能であるが、現在そのことはない。この点も総長は（名誉職化しつつ、）学長とともに、教学面での相互補完関係が、慣行的に安定しているとみなされよう。

追記　二〇〇五年四月より総長制は廃止された。したがって、同大学は法人教学分立制・二元型に属することになろう。

㈥　立教大学

理事長、院長、総長の三元型であるが、学長はなく、総長がそれにあたる。また院長は総長を兼ねることができる。他の大学の総長にあたるのは、同大学では院長である。院長は理事会で選任されると「寄付行為」に規定されており、非公選である。その職権は「此の法人の設置する学校及び研究機関の教育及び研究に関する事項を統轄する」[44]、つまり立教学院の大学以下小学校を含めた学校の、教学面の最高責任者である。総長については、「立教大学の教職員の選挙にもとづき、理事会において」任命する（「寄付行為」）。べつに「総長候補者選挙規定」があり、概要はⅢ表2に示した通りで、ほぼ全教職員による公選制といえるであろう。総長の職権は「大学を代表し、校務全般を統括する」[45]となっている。

院長と総長は職位職制上は、上下の関係であろう。しかしそれぞれの選出母胎は異なる上に、教学面での代表権や統括権は相互に抵触する。前項の明治大学の場合とは異なった両者の摩擦発生の余地が残されているように思うが、この点も又伝統や、慣行によって克服されてきたと見るのが妥当であろう。

第三節　私立大学総長の特質と役割

以上大学行政（経営管理と研究教育）の首長構成のタイプによって、一元型・二元型・三元型の三つにわけてそれぞれの特徴をあげてきた。公法（学校教育法・私立学校法）からいえば、二元型は公法タイプであるが、一元型・三元型は、いずれもその変形とみることができよう。大学改革の原点からみると、その首長公選については、どのような相違があるか。各型ごとにまとめておく。

1　一元型総長

一元型の三大学では総長は一応公選制をとる。教職員の全員が何らかの形で参加する。他の二つのタイプの諸大学と異なるのは、最終の選挙の選挙人に評議員等法人側の関係者、卒業生代表等が教職員とともに参加する（法政、早稲田）か、最終の銓衡委員会に評議員会議長等法人関係者が、教員代表とともに委員に加わる（慶応）点である。他の諸大学では、総長選任（公選ではない）の外に教学首長＝学長公選が行われ、教職員のほかに学外者の選挙人参加はない。このタイプの一元型いわゆる三位一体の総長は、教学だけの首長ではなく、法人と教学のすべてを統括するのであるから、その双方からの選挙人が総長公選に参加することは、当然のことと考えられよう。したがってその限りでいえば、それは大学改革や自治権を必ずしも保障するものではないが、旧制大学時代の公選でなかった頃とくらべれば、教学側の自立性も著しく強化されたとみるべきである。

2　二元型総長

二元型の場合には法人・教学の首長構成は、理事長と学長（もしくは学長を兼ねる総長）である。学長の選出はⅡ表のようにすべて公選である。ただ学長候補者（複数）を推薦する委員会に法人関係の役員の参加がある。関西大学のように候補者選考委員会（複数の候補者を推薦する）も、最終決定選挙も専任教職員のみで行う大学もある。立命館総長の場合は、いずれも理事監事、評議員の参加がある。一方理事や評議員には学長は勿論、教職員の代表もこれに加わっている。この教学側の法人関係の役職就任は、一元型・三元型の諸大学も同様であり、学長のみならず学部長や、専任教員が職務上の理事や、評議員に選任されることも少なくない。戦前とりわけ旧大学令以前の私立大学では、教授会の自治さえ保障されず、まして被雇用者の専任教職員が、経営者側の法人役職につくことは、殆ど考えられなかった。その点では、戦後学校法人移行後の制度上の改革は、まことに著しい。とくに他のタイプの諸大学に比較すると、二元型の大学の諸改革は、制度的に公法に準拠していることがあるにせよ、注目してよいと思われる。

3　三元型総長

三元型の大学は、総長設置大学の中で最も多い。二元型大学と同じく法人・教学分立制である。この制度では、大学を代表するものは学長であり、法人を代表するものは理事長であるから、総長は別に置く必要はないとする総長不要論が、このタイプの大学の教員側には潜在するようである。しかし制度上の建て前は三元型ではあるが、規定の上では兼任を認める条項があったり、また逆に兼任禁止条項がないために、事実上一元型や、二元型に移行する大学が過去、現在を通じて少なくない。さらにそのような移行を禁じていない大学までいれると、Ⅲ表にかかげた八大学のすべてに移行の可能性と現実性がある。

例えば総長（又は院長）が学長兼任を規定上容認している大学は、青山学院大学、中央大学、明治大学、立教大学である。総長が理事長を兼ねることは、中央大学、同志社大学では認めている。専修大学は「総長を推戴することができる」と規定され、常置でなく、現在空席である。事実上理事長と学長の二元型同様である。中央大学も前述のように一九六八年から二二年間、総長は空席のまま運営されている。(46) 関西学院大学には三役兼任を禁ずる規定はなく、かつて院長が理事長を兼任していたことがあった。東海大学は、総長、学長ともに非公選であり、かつ理事長、総長、学長の三役兼任についての禁止条項はない。現在松前達郎氏が三役を兼任しており、一元型総長同様の形態であるが、一元型の三大学総長のように公選でないから、その大学運営をどのようにチェックしたり、自己評価するか、その機構も制度上の保障も明らかではない。

三元型の大学は、規定（「寄付行為」のような基本的な規定）上は三役鼎立であるが、現実の運用からみれば、総長が学長を兼ねるばあいには、二元型となり、鼎立のままだと総長は大学の象徴的乃至は、名誉職的存在になりかねない。また総長が理事長を兼ねる時は、一元型総長に近い性格をもつであろう。このように三元型総長は一元型か、或いは二元型かのいずれかのタイプの立場に傾斜、又は収斂されてくる。このような点からして、三元型総長の存在は、総長制の曖昧な性格とともに、その根底的な問題を示すものである。

即ち三元型総長は、Ⅲ表にみるように八大学すべてが非公選であるのに対して、学長はすべて（東海大学を除く）公選である。したがって総長は、法人と教学の間に立って両者の調停者の立場に立たざるをえないが、自らが全学（法人・教学）の公選によって支えられなければ、その役割を果たすことは機構上困難である。一元型か、二元型かの総長（又は学長）の出番ということになるであろう。いずれにせよ総長の役割や、総長個人の力量如何をこえるのであるから、全学的な調整機関（全学協議会等）を必要とする。(47)したがって総長の果たすべきの役割は、三元型総長に関する限りきわめて限定されたものになる。

4　「総長」の役割

以上のような私立一六大学の検討の結果、「総長」の役割を総括してみれば次のごとくであろう。

その一つは、大学と同列の法人直属の研究所、諸学校（小、中、高、短大など）を教育上の観点から行う統括であり、(48)二つめには、法人と教学との「調和と発展」のための調停者的役割であり、また教学を代表するものとして、この二つの役割を通じて、大学の社会的責任、国民的負託(49)にこたえるということになるであろう。この際注目すべきは、私立大学の場合、大学自体に（学校法人ではなく国公立大学のように）すべての教育機関（研究所や諸学校）を附置していれば、総長の地位・役割は自ら学長が担うことのなり、一元型の学長となり、総長制は不用となるという点である。

（1）桜木澄和「大学自治の理念と現実」中央大学教員組合『中央大学のさらなる改革にむけて　その二』第二回教研集会報告一九八三年所収　二〇頁

（2）M・ウェーバー、世良晃志郎訳『都市の類型学』（創文社　一九六四年）二七頁、autonom(自律的)かつ autokephal(自首的)であることをいう。

（3）拙稿「日本における前近代都市史研究の動向と課題」、拙著『荘園制と中世村落』（吉川弘文館二〇〇一年所収、初出は一九八四年）

（4）この点については中央大学研究教育審議会『大学改革についての基本姿勢―〈第一次討議資料〉―』一九六九年一〇月　二四頁（以下『第一次討議資料』と略称する。）及び注（1）参照

（5）その点では都市や村落における中世自治が、必しも自己改革を必要とせず、むしろそれ自身の自治体制の再生産をめざしており、その限りでは組織のもつ閉鎖的性格は否定できない。その点で大学自治とは異なる側面のあったことは認めねばならない。

（6）付表　私立一六大学総長学長制度一覧表　Ⅰ、Ⅱ、Ⅲ

（7）学生参加の評価は、学園紛争の評価とともに、今もってむずかしい。一つには逆アリバイ証明＝事後存在証明によって、学生の異議申し立て封じに利用されかねないことであり、今一つは大学（教員側）のアイデンティティとしてその自己改革を不断永続的な自律運動と把握し、その一時的施設利用者たる学生をそれ故にその運動から排除することである。この二つの理由によって学生（とりわけ過激な集団）からも、大学からも学生の参加には否定的である。今回とりあげた一六大学の内、学生の総長乃至は学長公選参加を、制度として認めた大学は五大学、認めなかった大学は一一大学である。両グループの大学について、そのことだけを基準にして改革の是非を論ずるわけには行かないように思う。むしろ学生参加の制度化を、学生運動ときりはなして（あるいはこれと並行させつつ）大学改革の自律化の中に収斂させようとする動向や、学生参加を

認めず、改革と学生の異議申し立て行動を、別々に捉える大学史もあることを指摘しておきたい（『早稲田大学百年史』第五巻　早稲田大学　一九七八年）。

（8）一橋大学学園史刊行委員会編『一橋大学百二十年史』（一橋大学　一九九五年）一七八頁以下、同委員会編『一橋大学学制史資料』第九巻　一八一―二頁、及び同書所収山田欣吾「『一橋方式』の成立事情」（『小平学報』五七号　一九六九年四月）同前　一九三―六頁参照。

（9）森　洋「大学」（岩波講座『世界歴史』一〇巻　一九七〇年）

（10）注（7）に同じ

（11）有沢秀重報告「大学における機構上の諸問題について―総長問題を中心として―」中央大学教員組合『中央大学を点検する』一九九四年二月一五日）及び中央大学文書課「大学別総長制度一覧」（一九八九年七月五日作成）を参考とした。

（12）慶應義塾長候補者銓衡委員会規則第二条

（13）法政大学寄付行為第一二条、及び「理事会の選定する総長候補者選挙規則」

（14）総長選挙規則　昭和四五（一九七〇）年七月三〇日改正、『早稲田大学百年史』第五巻第十一編第三章、第四章

（15）前掲『早稲田大学百年史』第五巻五七二―四頁

（16）同前『早稲田大学百年史』第五巻五七三―四頁『朝日ジャーナル』一九七〇年九月二七日号

（17）同前『早稲田大学百年史』同五七四頁

（18）早稲田大学総長選挙管理委員会「総長選挙公報」第五号（二〇〇二年五月二五日）によると二〇〇二年の総長選挙（白井克彦選出）では、学生の信認投票には二人の候補者（理工学部白井教授、教育学部津本信博教授）が対象となったが、在籍学生数五〇、一五二名、投票総数二四三、投票率〇・四八％、内不信認票は白井氏八九、津本氏九一であった。在籍学生の過半数は二五、〇七七である。したがって同管理委員会はこの二人が総長候補者として信認されたとして、決定選挙を行い、白井氏を次期総長に選任した。

（19）『日本大学九十年史』（日本大学　一九八三年）四九八―九頁

（20）『日本大学百年史』第三巻（日本大学　二〇〇二年）七五六頁

（21）「学校法人立命館大学寄付行為施行細則」第一条（一九八二年改訂）

(22) 同前「総長選挙規程」
(23) 『学園通信』総長選挙特集号　一九九八年一〇月一日
(24) 「学校法人青山学院寄付行為細則」第二編第一章第二条、三条
(25) 同前第二章第七、八条
(26) 『関西学院の百年』年表一九九—二〇〇頁
(27) 「学校法人関西学院寄付行為細則」第三条
(28) 「院長選挙規程」第三、八条
(29) 『関西学院百年史』通史編Ⅱ三七八—八五頁
(30) 同前『資料編Ⅱ』三五六号　四九五—六頁
(31) 『関学ジャーナル』一七五号、二〇〇〇年一〇月一日発行
(32) 「専修大学寄付行為」第五条
(33) 「専修大学学長選任に関する規程」平成一三年四月一日改訂
(34) 同前「学則」第四〇条
(35) 「学校法人中央大学基本規定」(以下「基本規定」と略称) 第六条
(36) 「基本規定」第一〇条、一二条、「中央大学学長に関する規則」第二条
(37) 「東海大学寄付行為」第五条
(38) 同前第四条
(39) 『東海大学五十年史』通史編五八二頁、五九五頁及び「同寄付行為」第六条、「同細則」第二条
(40) 『同志社百年史』通史編二　一二五八頁
(41) 同「寄付行為」第三条、第四条
(42) 同『百年史』通史編二　一二五〇頁、「同志社大学長候補者選挙施行の件」(一九八八年一一月二四日大学評議会決定)
(43) 「明治大学寄付行為」及び同「細則」
(44) 「立教学院寄付行為」第二四—二七条及び同「総長候補者選挙規定」

(45)「立教学院職位職制規定」第一七条

(46)中央大学における一九六八年以降二二年間は、総長空席期間であったが、この時期の多摩校舎移転を中心とする大学改革は、学長以下の教職員が理事会（理事長）と一体となって推進した成果である。これまで林頼三郎総長以来、升本喜兵衛総長（兼理事長乃至三役兼任の一元型総長）までの体制では、かかる改革はもとより、その前提条件であり、契機でもあった学園紛争の克服も不可能であったといえよう。このことは非公選総長自身が、仮に卓越した識見と能力に恵まれた人物であったとしても、非公選総長制そのものが、改革の反対物に転化することを証明することになろう。

(47)全学協議機関といっても、例えば立命館（全学協議会）、青山学院（全学院協議会）、中央大学（教学審議会及び、研究教育審議会）の例や、未設置だが早稲田大学（教学評議会）、関西学院大学（大学評議会）等の場合につき、その機能や、運営の実態を問題とすべきであろう。その際、当該大学の既公開の資料（大学史を含む）のみでは不十分である。即ちその大学の伝統や慣行を周知し、その推移や歴史も同時に把握する必要があろう。単純に比較することは困難である。

(48)同一学校法人は、大学以下多くの諸学校を擁する場合、それらに校風や、創立以来の伝統などについて、教育上の一貫性をもたせる必要がある。しかし制度的には、大学長以下個別の諸学校長は、それぞれ独立し、かつ対等とされる（学校教育法、私立学校法の下では、小・中・高等学校長および学長の職務権限は、すべて同等である。ただし、国公立学校のように、諸学校が大学に付置された「付属」学校の場合は、学長の掌る校務の下に統括されるから、これ等は別である。その他大学に付置される諸研究所・諸施設のばあいも同じである）。したがって何らかの形で、これらの目的を達成するための総括・統合の機能或いは組織を必要としよう。それが私立学校に「総長」的役割を必要とする理由の一つである。勿論これらの教学諸学校諸機関を、大学の付属機構とすれば、国公立大学と同様に学長がその役割を担うことになる。

(49)また大学がもつべき社会的責任を分担するものは、教職員とともに教職員以外の一般市民、とりわけ私立学校では卒業生であるから、その立場からの市民的時代的要請を、くみ上げる機能が必要だろうし、逆に国家権力をはじめとして、さまざまな社会的圧力が大学自治を危殆に陥れようとする時には、これを排除するための学校法人全体を統括・指導する対外的な役割や機能も必要であろう。

第二部　私立大学の総長制の歴史と課題

大学を代表する者は、勿論学長である。にもかかわらず、これまでみたように、それに代わって総長制が様々な形で現出するのは、学長個人の識見や能力の不足によるものではないし、大学の経営と教学の間にみられる固有の意思統一の困難さによるものではない。総長は法人教学の立場をこえて、大所高所から大学を総括するもの、といったもっともらしい総長論もあるが、総長公選制をとらない限り、それは大学の社会的責任を口実とした第三者による大学自治の否定、若しくは制限であることは明らかであろう。

むしろ大学の自治と改革を推進するために必要とされるのは、法人教学二権分立のもとでの教学首長＝学長公選の完全実施と、この学長制を補完する全学的な協議（審議）機関の活用であろう。それによって総長制を実質的には勿論、制度的にも必要とする余地はなくなるのではないだろうか。

以下の第三、四章で学校法人中央大学の総長制を検討するのは、そのような観点に立った一試論である。

第三章　学校法人中央大学における総長制の歴史と現状

第一節　中央大学総長制の歴史

1　総長制成立以前——創立から新制大学への転換

中央大学における総長学長制度の変遷は、それ自体が中央大学の性格を特徴づける一つの歴史である。学長の名称が総長に代わるのは、前に述べたように戦後一九四九年の新制大学発足の時である。(1)それ以前は、創立時の英吉利法律学校「校長」、ついで東京法学院「院長」、さらに東京法学院大学「学長」を経て、一九〇五年二月社員総会で校名を中央大学と改称して中央大学学長が誕生した。

当時の教育制度上は、私立大学は認められず、専門学校令による大学であったが、その後大学令の公布によって一九一九年四月に名実ともに「中央大学」となった。これが現行の大学つまり新制大学に対するいわゆる「旧制大学」である。そこでまずとりあげるのは、創立から旧制大学時代に至る第二次大戦以前約八〇年余りの中央大学「学長史」である。(2)

(一)　英吉利法律学校校長から東京法学院院長時代（一八八五―一九〇三年）

初代校長増島六一郎と、二代院長菊池武夫の時代である。概括すれば経営・教学は未分離一体化しており、校長乃至は院長が両者を統括していた。(3)「校長ハ互選スルモノ」（「徴兵猶予に関する請願書」）とされたが、初代は設置以前から増島の校長はきまっていた。

校長の職務は「校務ヲ総理ス」と規定されており、別の史料には「校中ノ事務ヲ総管シ、会計ヲ監督シ、本校ノ隆盛ヲ期スルヲ以テ校長ノ責任トス」とされた。校長のほかに幹事があり、その下に会計掛、教務掛、講義録掛、編集掛、図書掛、校丁がおかれた。大学運営上の重要案件については、校長だけではなく、その創立者の多くが維持員となって協議に加わった。例えば創立の翌年一一月に、彼らによって臨時会が開かれたが、校長増島や幹事渡辺安積の外、設立者の菊池武夫、岡山謙吉、土方寧らを含む六人が出席している。その議題は、幹事の俸給、帝国大学特別監督条規、土方講師の給与、職員の採用・俸給、寄宿舎の新築の件であった。これをみる限り、今日の大学運営上でいえば、理事会、乃至は評議員会ということになろう。

一方一般の日常業務は、校長と幹事の裁量で処理された。一例をあげれば、講義担当の依頼、職員の採用、出版局設置、教場新築、講師俸給、講義録出版方取替、原書書籍注文の方法とその資金、大学への書籍の借り入れの申し込み、茶話会の再興などである。一部は上記の案件と重複するが、校長と幹事は、その下の職員を指揮して、経営と教育業務さらには研究補助の仕事も行っていたといってよい。とりわけ幹事の初代渋谷慥爾、二代渡辺安積、三代山田喜之助をはじめ、奥田義人、藤田隆三郎、土方寧と続くこの時期の歴代幹事は、いずれも創設者のメンバーであったばかりでなく、幹事役をつとめるとともに、講師として教壇に立っていた。

研究の場としてはともかくも、彼らにとっては英吉利法律学校や、東京法学院は、教育と経営実務の場であった。

同じく創設者の一人元田肇は「創立者といえどもみな講師を兼ねていたから講義料のでるのが当たり前であったろうが、それどころか、創立当初は月々三円乃至五円ぐらい宛を維持費として、あべこべに学校の会計に納めたものである」といったように伝えられている。(4) その新しい学校に託した創立者たちの抱負や、若々しい同志的な意識と協力ぶりは目にみえるようだが、もちろん前記のように講師俸給は、始めからなかったわけではないとしても、教師として同時に又維持員として、経営面にも協力していたことは、その後も続いていた。

「維持員」または「維持員会」は、共同創立者が学校経営に参画するため、一八八八年に新たに設けられていた。(5) 東京法学院から大学への昇格が問題となった一九〇二年に、学院当局とともに、維持員会が一体となってその運動に参加した結果、翌年五月に大学組織案なるものが、維持員会に上程された。それはこの年三月施行された「専門学校令」による大学昇格にあわせたものであって、八月には「社団法人東京法学院大学」への改称設置がきまった。維持員はその際に「社員」となった。この頃には創立者以外にも、卒業生などの新しい同志が加わって、社員はその定款では「二五人以内」とし、発足当初は二三人であった。

(二)　社団法人東京法学院大学学長から同中央大学学長時代（一九〇三―一九年）

すでにみたように校長から院長に変わったのは、たんに校名変更によるものであった。院長から学長に変わったのは、特定の教育組織をもつ専門学校は、大学を称することを認められたからである。創設期の維持員は、社員へその支持協力者も広がり、学校の隆盛ぶりも著しかった。

その社団法人の定款第一一条に「本大学ニ理事三名ヲ置キ、理事ノ中一名ヲ学長トス　学長ハ、本大学ヲ代表ス」とあり、定款に基づいて招集された社員総会は、菊池武夫、奥田義人、土方寧の三人を理事に選び、互選によって菊池が初代の学長に就任した。社員総会は、法人の人事をはじめ、大学運営に関する規程などの審議議決機関であった。

この二年後に社団法人中央大学と改称される。学長は菊池がそのまま就任し、同時に法学科の他に新たに経済学科が新設され、一九〇九年には商業学科も加わって総合大学の体をなしてきた。しかし経営と教学の一体化は以前と変わらず、次の大学令施行前後まで一体化しているというよりは、未分化のままであったといってよい。

前学長と幹事二人が理事となり、その互選で菊池が学長に再選されたが、ほかの教員はすべて「講師」であった。彼らには「校費」という名目で給与は支払われているが、講師の中核は穂積陳重等の創立者、或いは社員であった。その内の法科大学教授の兼担者の場合は、殆どが無給とされた。(6)先に述べたように元田肇の初期の講師らの無給奉仕説には、一般化できないが、にもかかわらずこのような無償の学生指導は、「創業早々のほんの一ときを保留すれば、神話でしかない」と極論する向きもある。(7)しかしこの講師無給神話は、揺籃期の大学史とりわけ中央大学学長総長史では、簡単に見過ごすことのできない問題をかかえているように考えられる。

足掛け二二年間にわたって校長、院長、学長を勤めた菊池も、建て前は無給とされながら、その金銭出納帳によれば、「歳暮」、「報酬」、「講義料」などを不定期的だが受け取っていた。(8)当時の菊池の年間実収入は、約一五〇〇〇円であり、その収入源の八〇%は、弁護士報酬、不在地主としての小作料収入及び貴族院議員歳費であった。これに対して法学院からの不定期的な収入は、年間を平均して五〇円前後であり、全収入の〇・四%にも満たなかった。その他の兼任講師等も、その殆どは、法科大学出の法学士であり、且つ本職は教授、助教授、弁護士（代言人）、貴衆両院の議員などの、いわば官、政、学、法曹界等のエリート達であった。(9)

とすれば当時流行の弁護士であり、且つ衆議院議員であった元田肇は勿論のこと、彼らの殆どは、かりに講師報酬を受けていたとしても、菊池学長同様その額は、とるに足りないものであったと推測できよう。このような情況を背景にしていわゆる「講師無給神話」が、語られるに至ったと思われる。元田の追体験は、彼一人のものだけではあるまい。おそらく共同の創立者且つ社団法人中央大学の社員であり、一方では学長、幹事、さらには兼任講師であった彼らは、経営と教学の一体化の鎹となっていたとみることができる。

更に敷衍すれば、「温厚で忍耐強い」とその伝記『菊池先生伝』(10)に評された菊池武夫の人柄は、かかる創設期「神話」と相まって、「質実」という学風を形成していったとみることもできるだろう。

例えば菊池学長が、授業担当依頼の教員招待会の席上、彼らから出された給料値上げ要求に対し、「(前略)自分達も斯様に献身的の仕事をして居るので御座いますから、皆様にも今暫く御辛抱が願いたい。もしそれでも御承諾が得られませんでしたら、御断りなされても、私は強いて御引止めは致しません。御不満の方はどうぞ御遠慮なくお辞め下さい」と述べた、と『菊池先生伝』に伝えられている。大学の未来に期待する故に、嘱望する若い講師達に対して「献身的」な仕事と、「今暫く」の「御辛抱」を強く要請する菊池の姿勢は、そのまま教師を通して学生にも訴えようとする教訓であったように思われる。卒業式に際して学生におくった学長祝辞に「清貧であれ」、「質素であれ」の教えが目立つというのも、当世の風潮に対する批判も含まれていようが、温厚・忍耐心・清貧質素という菊池自身の処世訓の反映であろう。修業中の学生の立場でいえば、それは「質実」の精神に集約されよう。それを期待してやまなかったのは、共同の創立者であるとともに講師であったり、幹事や社員・維持員などとして大学経営に当たったり、それをサポートした卒業生たちであった(11)。

このような質実精神の学風化(12)は、その後何をもたらし、何を失うことになるかは、この時期ではまだ大半は未知数であったが、少なくとも大学の経営と教学の一体化運営に適応した情況を示していた(13)。

(三)　財団法人中央大学学長時代（一九一九―四九年）

一九一八年の大学令公布を契機として大学昇格運動が起こった。これまでの専門学校令による私立大学から、この時の大学令による私立大学への昇格は、国立の大学並の実質的格上げを早くから熱望していが、その最大の問題は、財政問題であった。

大学令は「私立大学ハ財団法人」でなければならず、「財団法人ハ大学ニ必要ナ」設備又はこれに要する資金と、少なくとも大学を維持するに足りるような収入を生ずる基本財産をもつことを定めた。それに従えば、財団法人中央大学は三学部（法・経・商）編成であったから、計七〇万円の資金を国家に供託することが必要とされたのである。[14]これまでのような素朴な校舎設備や、無報酬的な講師経営は許されない。他の私立大学でも、多かれ少なかれ事情は同じであったとみてよいだろう。

中央大学のこの時文部大臣宛に提出された「大学設立認可申請」[15]によると、予定された学生定員は三学部と予科合わせて一九一〇人、同教員（専任・兼任）五三人であるが、収支表では、収入は授業料を主財源に一三万八五五二円、支出は教員給を主な支払先（授業料に見合う額）として同じく一三万八五五二円であった。大学が独自に用意すべき供託金の七〇万円は、如何に大きな負担であったか、明らかであろう。

新しい財団法人中央大学の設立をめざして、旧社団法人の役員、教職員をはじめとして、旧社員・維持員及び卒業生諸団体は、一丸となって基金募集の活動を開始した。開始後一年たらず（一九一九年三月―二〇年二月）のうちに、その応募申し込み金額は七三万円有余に達し、無事財団法人中央大学は発足した。この間の募金活動を中心とした新しい大学開設運動についての詳細は、大学百年史に譲るほかないが、当時出された次のような同窓会の建議に注目したい。（傍点は著者）

「今や大学令公布せられて吾邦教育界の空気は茲に一新せり、(中略)吾人は切に望む、此際母校の当局か天下に率先して遠く文運の趨く所を察し近く新令の要むる所を酌み、速に最善の設備を整へ吾黌をして大学の模範たらしめんことを、(中略)期す、(中略)惟ふに母校創立以来三十有余年其の養ひ来れる剛健質実の校風か産む所の実力は、今日即ち一時に発揮せらるべく此力を以て此事に当る、天下是よりも為し易きこと之なからん、(中略)上叙の趣旨に則り吾人は左の事項を建議するものなり　一、第一着手として速に母校の組織を変更して財団法人と為すこと但し理事に数は時勢の進運に鑑み従来よりも増加すること　一、学員其他より此際更に基金の臨時大募集を断行すること

大正七年十二月十四日」(16)

ここに示されているのは、新しい大学令に基づく財団法人化促進と、そのための基金大募集の緊急要請である。その背景には卒業生達の母校愛を超えた、伝統的な気風を感じさせる。それは「剛健質実の校風」というより、カンパニー精神の発動といった方がふさわしい。この点については第四章に述べたので省略する。

学長の役割に関していえば、なお財団法人と教学との一体化の中に、埋没していたというのが実態であった。昇格活動は、この財政的基礎の確立を促進すると同時に、大学自治を促進する運動でもあったといえよう。括弧づきの大学改革である。財団法人中央大学には、法学部、経済学部、商学部の三つの学部が設置され、それぞれの学部には学部教員会(17)が形成され、学位授与も自前でできることになった。その限りでは大学自治と改革の形式は一応整えられ、その条件は一歩前進したといってよいであろう。

ただ問題点はいくつかある。まず学部教員会の内実をみよう。一九二一(大正一〇)年に制定された「中央大学教員

会規則」(18)は全部で五箇条であって、その第一条には「各学部及ヒ予科ニ教員会ヲ置キ、左ノ事項ヲ審議セシム」とし、四件の審議項目が掲げられた。その中には、学科課程等授業に関する事をはじめ、試験、学則・規定及び学長学部長等の諮問事項が含まれている。またその会議招集権（第二条）、審議決定方法（同三）、学位決定手続き（同四、五）なども規定されている。創立以来の教学運営についてのさまざまな慣行や、既成の他大学の教授会規定を参考にして作成されたであろう。(19)慣例が成文化され、大学としての体裁が整えられたといえよう。その限りで教員側に一定の教学権が保障されてはいたのである。

しかしそこで注目すべきは、教員会の教員資格の判定に関する権利、つまり教員人事権、及び学長・学部長選挙権＝教学の首長を教員自身が選出する権利が、この教員会に欠けていたことである。この段階での大学自治の根幹は、教授会の自治にあり、教授会の自治とは、研究教育の自由の確保が、教授会による教員人事の決定によって、究極的に保障されることである。また学長公選も最低限教員にその選挙権が保障されて、初めて歴史的伝統に由来する大学の自由と自治が確保できる。(20)すでに大学教員の人事権は教授会にあることは、前述のように一九一四年の京都大学澤柳事件の結果、確認されつつあった。さらに京都と東京の帝国大学では、一九一五(大正六)年、一九一八(大正九)年にそれぞれ総長公選が行われていたことは、すでに指摘した。(21)

これまでの中央大学の教員の肩書きは、すでに述べたように等しく「講師」であり、無給（名目上であって、有給兼任職を禁じられた帝国大学教官や、法曹関係官公吏の講師）・有給や、専任・兼任の区分を問わなかった。つまり専任教員とそれ以外の教員の明確な区別はなかった。しかるに大学令は、「相当員数ノ専任教員」を置き、その任用は文部大臣の認可をうけなければならないとなっており（同第一七条、一九条）、大学当局はこれに対応せねばならなかった。一九二〇(大正九)年二月、岡野敬次郎学長は、大学専任教授として稲田周之助以下六人、予科教授として堀竹雄以下九人の名を公表し、新大学令下の同年四月の新学年を出発した。[22] 確かにこの時以降「中央大学教授」の肩書きつきの署名論文や、記事が登場した。[23] また公的文書についても、例えば東京市役所に提出された「中央大学教員学生数調」（大正一三年度）には予科一四、法学部七、経済学部五、商学部四、計三〇人の教授（他に九〇人の講師）が記されていた。[24] にもかかわらず、これらの教授達は前記の「教員会規則」の枠内で教学運営に参加していたにすぎず、その自治権は当時の帝国大学には遠くおよばなかったというべきであろう。

その後教員間でも自治権拡大の要求が続き、一九二八（昭和三）年に学則改正委員会で検討の結果、教授会規程を立案することが採決された。しかしこれに対して法人側では「中央大学はいまだ大学の実質をそなえていないとの理由」でこれを却下した。[25] この却下された「教授会規程」案の内容は明らかではないが、「教員ノ進退」や、「学部長選挙」に関する事項等が含まれていたと思われる。[26] この二つの審議事項を含んだ「教授会規程」が認められたのは、それから更に二〇年後の一九四七（昭和二二）年九月以降であり、大学令による旧制大学時代の末期の、丁度新制大学発足の頃であった。[27] それは「学校教育法」が制定され、その中で「大学には、重要な事項を審議するため、教授会を置かなければならない」とその設置を義務づけられたからである。

こうしてみるとこの時期の三〇年間においては、教員人事権という教員自治権の中枢を欠いたまま、教授集団は教学体制に組み込まれており、「中央大学」は「大学の実質」を、なお備えることができなかったといわなければならない。

学長公選についても同じことがいえる。「寄付行為」の規定の上でも、学長は理事の互選である点は変わらず、岡野敬次郎、馬場愿治、原嘉道及び林頼三郎と四代にわたり規定通りの交替が行われた。ただ一九三八（昭和一三）年の寄付行為の改訂で、理事会の互選による理事長がおかれ、同時に理事長は「学長」と「専門部代表」を兼任することになった。[28] この改訂が、林理事が学長就任直後であったことも注目してよいことである。

2　総長誕生と林総長時代

中央大学が学長を「総長」と改称し、規定の上では理事長と並んで、二元型の管理システムとしたのは、戦後の新制大学発足を契機としている。それが数年ならずして一元型（いわゆる三位一体的）総長があらわれ、ついでそれが制度化され、さらに三転して現在のような三元型の総長制に移行するに至っている。前章に述べたように、今日私立の諸大学にみられる三つのタイプの総長制を、すべて経験しているのである。

他の大学の総長制はその殆どが旧制大学時代からの継承であるのに対して、中央大学の総長制の成立と、その後の変転には唐突な変化という感じが否めない。これは歴代の総長（又は学長）の個性や、学内外の世論の帰趨如何によるとみることもできよう。しかし他の一元型総長の大学と異なって、総長が非公選制であるという事情を、最も重視すべきであろう。ともあれ戦後の中央大学総長学長史は、私立大学の歴史的性格を、象徴する一面をもっていることは疑えない。

(一)　総長加藤正治から林頼三郎へ

ここではまず総長及び総長制成立の経緯からはじめる。その経緯は次の通りである。戦前（一九三八（昭和一三）年）から久しく理事長・学長であった林頼三郎は公職追放を予知して一九四七（昭和二二）年三月八日の理監事会で辞任を申し出、受理された。代わって理事長事務取扱となった吉田久は、同一三日の理監事会で「従来本学ノ代表者名義ヲ中央大学学長ト称セシヲ爾今中央大学総長ト改称スル」と提案し了承された。[29] しかし、その後約二年間は代表者名義は、依然「中央大学学長」のままであった。ところが一九四九（昭和二四）年三月二四日の評議会で「突如として〝学長を総長と改称する〟という決定がなされ」、時の学長理事長加藤正治が初代の総長となって、翌四月一日に新制中央大学が発足した。かような経過をふまえていえば、新制大学発足と同時に学長・理事長の加藤は総長・理事長となったわけであり、形式上三元型の三位一体の体制へのレールは、この時敷かれていたといってよかろう。

ただ注目すべきは、この後追放解除された林が迎えられて一九五一（昭和二六）年一二月に理事長に就任したことである。すなわち、林が大学にもどってくると、総長＝加藤、理事長＝林という二権分立乃至は二元的管理状況となっている。したがって、まだこの時点では総長・理事長連立制という選択肢もあったかにみえる。この連立制は加藤の急逝する一九五二（昭和二七）年三月までの、わずか三ヶ月であった。不安定な新制大学創設期における総長・理事長の連立二元制は、如何なるねらいがあったか明らかではない。

加藤の没後、総長を兼ねた林理事長のもとで、再び基本規定の画期的な改訂が行われ、上記のような連立を排除したのが、総長当然理事長制をもりこんだ一九五四年（昭和二九年三月文部省認可）基本規定であった。かくして、三元型から中央大学的な一元型総長が、制度的に成立した。

この基本規定は、これまでの「現行寄付行為は、終戦後（中略）学校法人として体裁を整えるため、取急ぎ作成された事情もあってか、必ずしも現在及び将来に亘って適当と思われない個所がないでもない」ため、「根本的には教育基本法、学校教育法、私立学校法に則り、現行寄付行為を土台として、これに慶應義塾大学、日本大学、法政大学、明治大学、立教大学、早稲田大学等の寄付行為を参照しつゝ、本学に最も相応しい形態の実現を念願して」策定されたものである。(30)

それでは「本学に最も相応しい形態の実現」をめざす基本規定（「寄付行為」）とは何か。結論的にいえば、それは前記林三位一体体制を追認したことであろう。以下その点について簡単に述べておく。

この改正の要点は、提案理由によれば次の四点であった。

一、寄付行為書の名称を「学校法人中央大学基本規定」と改める。

二、これまで独立した章のなかった「総長に関する規定」に新しい章を設け、「教学と経営の一体化を図」った。

三、その「重要性に鑑み」「新たに理事会の章を設けた」。

四、「評議員会に関する規定中、根本的事項」

以上の四点について「若干の改正」を行った[31]。この内二を除く外の三点は、その改正の理由は、簡単明快であった。即ち一は名称の改変、三は事項整備、四は評議員の枠の拡大や、選任方法、議決事項、特定の議事の裁決方法等の改正である。一は形式的な変更であり、三、四は公法とりわけ「私立学校法」に準拠した改訂であり、且つそれらはこの後も、おおむね基本規定の中に引き継がれている。

これに対して二は法文自体に異和感があり、その不自然さは覆いがたい。既成事実の追認、つまりその強引な法文化が原因であろう。例えば、第四条四項「総長は、当然、学長となる」、第一二条「総長及び第四条第五項により選任された学長は、その在職中前条（第一一条は、理事の選任が、評議員会の議決によることを規定している）にかかわらず、当然、理事となる」、第一三条「総長たる理事は、当然、この法人の理事長となる」と規定されているが[32]、各条にみえる「当然」の語句は、法律用語としては異例であろう。のみならず、それぞれの法文の文脈上、不必要でさえある。この点については、他大学の総長に関する規定を参照すれば明らかである[33]。

(二)　林「総長当然」体制の意義

このような林「総長当然」体制は一九五一(昭和二六)年から五八(同三三)年の林総長三選直後のその逝去に至る間続き、六二(昭和三七)年一〇月の基本規定の改正によって、規定上の「総長当然」体制は解消された。この約一〇年余の林体制は、どのような役割を果したか、についてはさまざまな評価がありうるであろう。今日に至る中央大学の改革史の諸前提を探るために、次の問題点は指摘しておかざるをえない。

第一は当時の高度経済成長にともなう急速な大学の拡充が、この林体制を事後承認＝法的追認の上現出せしめた原因だとしても、それが何故に前記のように林「総長当然」＝三位一体体制となったか。第二にまたこの体制はどのようにさし迫った大学拡充に取り組んだか。さらに第三には第一第二の事実と経過によって、これに対応すべき大学改革とりわけ「教学の責任体制」の確立はどのように進行したのだろうか。以上の三点について明らかにしておくことである。

以上の諸点については、『中央大学百年史』通史編下巻でもとりあげているので、本節ではやや異なった視点に立ち、まず第一点及び第二点について述べ、第三点は次の節で検討する。

第一点については、公職、教職いずれの追放も解除された林が、この時各界の卒業生を含めて全学的な輿望をになっていたことである。戦前すでに私学出身で前例にない最初の司法三長官を歴任したことや、戦争中から戦後にかけての九年間、私学経営のいわば最も困難な時期に学長理事長としてこれを乗り切った手腕や、長谷川如是閑の林に対する評のように、中央大学の建学以来の地味で目立たない学風を、林はその才能よりも人格によって育てたところにあり、理想的な中央大学総長だった(34)というそのカリスマ性等は、歴代の本学最高責任者の中でもきわだっていた。このことがまことにタイミングよく、林をして経営(理事長)と教学(学長)の一体化のための総長たらしめ、制度としての「総長制」をもたらしたといえよう。

この体制は、中央大学百年史において、制度上空前絶後のことである。ただし基本規定上だけみていくと、一九六二（昭和三七）年の改訂後（林没後四年）では、学長たる理事の理事長選任は禁止されているが、総長たる理事の理事長選任は可能で（一三条）あることは明記されている。また総長の学長兼任については学長同様の学内公選とされ[35]、学長兼任総長の理事長選任については、明記されていない。

しかし当時即ち六二年の基本規定改訂議事の終了した時点で、当時の柴田総長、升本学長から「旧規定と新規定との間には、三位一体原則と三権分立原則という基本的、根本的相違がある」との発言があったという記録[36]があるから、三位一体制も否定されたことになろう。したがって「林体制」は、カリスマ的「存在」を「法」が追認するといった前近代的手続きによってなりたち、その終焉も結局林総長逝去によって、基本規定の総長「当然」制が改められたという点で、また成立と同様であったといわざるをえない。

換言すれば、三位一体原則の基本規定（昭和二九年）改訂版は、林頼三郎総長理事長兼任の一元型化のためにつくられ、したがってまた林総長逝去後は、その制度的根拠を失って三元型の総長制に改訂されたというべきであろう。制度によって人が配されるのではなく、人に応じて制度が変えられたといえるから、その限りで前近代的という批判はまぬがれない。問題は学長公選同様、総長公選にまでゆきつく。

第二点については、これを一言で表現することは難しいが、経営の面ではその拡充を軌道にのせる一方、教学の面では一定の改革が認められるとはいえ、大きな課題を残したこと、とりわけ総長制度を含む大学自治と、「教学責任」体制に歪みをもたらしたことは、否定できない。後者については改めてのちに述べる。前者については、この段階における経営面の緊急課題、即ち新制中央大学の拡充問題についてどのように取り組んだか、これを主として「綜合計画委員会」の活動に焦点をあててみておきたい。

　これまでの組織や施設の拡充が「局部的な解決」「場あたり的計画」[37]とされてきたのは、戦後教育の混乱と急激な制度改革や、高等教育拡大への社会的要請等からみて、やむをえなかった面もあった。そこでこの状況を打開するために、登場したのが同委員会である。その成立と活動の経過を追ってみよう。

　一九五一（昭和二六）年一二月、林の理事長就任後、翌一九五二年一月の理事会で申し合わせた結果、「大学運営の基本方針」として、一、学風の顕揚、二、積極的進取の方針、三、民主的運営といういわゆる「信条三原則」をかかげた。[38]その翌二月「綜合計画準備委員会」を構成し、「㈠総合計画の基本方針と実施の次第」以下一八項目の施策大綱をたて、同年三月一七日評議員会で正式の「総合計画委員会」設置を決め、四月一日施行、同七日林総長就任、この間同委員会規程によって委員長に林理事長がなり、以下副委員長等役員、委員がきまり、同四月二八日総会を開催して基本方針を討議し、その結果先の施策大綱に対応する六分科会を設置した。つづいて五月には、第一分科会（「教育体制全般に関する事項」）を皮切りに各分科会が発足し、同年末までの半年間に、その開催数が一五回におよぶ分科会もあり、「各委員共頗る熱意を以って審議に当」たって、「林総長の信条三原則はこの委員会に於いても、文字通り実行に移されておる」と当時の『中央大学学報』は伝えている。[39]

　中央大学を代表する総長林は、その「諮問機関」（同規程第一条）たる綜合企画委員会（委員長林理事長、同第五条）に、「中央大学の画期的発展を図る為め綜合的計画」の樹立することを諮問したのである。即ち総長林が諮問し、委員長林がそれに答えたのであって、「文字通り実行」と前記のように当時の学報に記されたのは、当然といえば全く当然である。「当然体制」といわれる基本規定の一九五四年（昭和二九年その前年一二月に評議員会で可決）改訂は、以上のようなプロセスの中で、事実上先行（先導試行）していたというべきであろう。

そこで次にこの時期の校地、校舎拡充は、どのように実行されたか。以下簡略に検討しておこう。(40)

年次（昭和）	総長（学長）	校地・校舎
一九五一（二六）年三月	加藤正治	現理工学部富坂校地買収、旧工学部お茶の水校舎買収
一九五二（二七）年九月	林頼三郎	駿河台校舎二号館四階増築
一九五三（二八）年三月	〃	後楽園校舎敷地買収、駿河台校舎二号館北側校舎増築
〃　年一二月	〃	代々木寮第一棟完成
一九五四（二九）年六月	〃	千代田区立駿河台図書館買収
一九五五（三〇）年一月	〃	大学会館新築、駿河台校地隣接地買収
一九五六（三一）年八月	〃	旧神田区役所庁舎買収
一九五七（三二）年二月	〃	代々木寮第五棟完成
〃　年三月	〃	第一図書館裏地買収
一九五八（三三）年八月	柴田甲四郎	駿河台校舎一号館七階建新築
〃　年〃月	〃	代々木寮円塔型棟完成
一九六〇（三五）年五月	〃	都下南多摩郡柚木村（八王子市東中野）現多摩校地一〇〇、五三一坪（第一次）買収
一九六一（三六）年三月	〃	五葉館買収
〃　年〃月	〃	現多摩校地（八王子市東中野）一八、五〇〇坪（第二次）買収

一九六二（三七）年四月	〃	小川町校舎敷地の一部買収
〃　年〃月	〃	春日山荘、野尻湖畔寮開設
一九六三（三八）年五月	升本喜兵衛	理工学部校舎完成
一九六四（三九）年四月	〃	駿河台校舎四号館完成、同五号館完成
一九六五（四〇）年四月	〃	聖橋校舎買収、駿河台校舎一号館八・九・一〇階増築
〃　年五月	〃	現多摩校地（八王子市東中野）一七、〇〇〇坪（第三次）買収
〃　年一〇月	〃	奥日光寮開設
一九六六（四一）年六月	〃	小川町校舎（学生会館）完成
〃　年一二月	〃	多摩校地造成工事着工
一九六七（四二）年	〃	現多摩校地（八王子市東中野）一二、〇〇〇坪（第四次）買収
一九七一（四六）年七月	（嶋崎　昌）	富浦臨海寮開設
一九七五（五〇）年四月	（戸田修三）	多摩校舎着工
一九七七（五二）年一〇月	（　〃　）	同　竣工

表記の経過をみれば、駿河台校舎周辺を中心とした校地の買収と校舎の増改築は、その主要なものは一九五一（昭和二六）年頃から始まっている。それは新制大学の発足期と、旧制大学の終焉期とが重なる時期（一九四九—五三年）の中間点にあたっていた。つまり学制の改革にともなって、いずれの大学でも旧制を拠点にする限り、再出発のための新しい大学像や、それにふさわしい施設を構想し、創出せねばならないぎりぎりの時点にあったのである。

本学の施設面での対応は、この表で見る限り、第一に駿河台校舎を中心とした買収と増改築であり、それは一九五一（昭和二六）年（理工学部富坂校地買収）に始まり、一五年を経た、一九六六（昭和四一）年（小川町校舎の完成）にほぼ終わったといってよいだろう。第二にこの第一の動向に対して、その途中つまり林没後即ちポスト林体制（柴田総長期）になってから、多摩校地の買収が始められていたことである。一九六〇年の第一次校地買収から、大学紛争期を経て、一九七七年の多摩校舎竣工までがひとつの流れであった。

そこでひるがえって林＝「総合計画委員会」の施策を時期的にみれば、それは第一の動向に終始していることは一見して明らかである。林の信条三原則がこの委員会を通じて「文字通り実施」された結果は、このように施設面でいえば駿河台中心の校舎群の建設であった。けれども注目すべきは、それによって定員外入学学生数の増加とマスプロ的教育は依然と改善されなかったことである。もちろんそれは本学だけに限られたことではなかったが、この対応策にたいして当時においても「教学優先が守られず」、しかも「場あたり的な計画」の克服を目的としたにもかかわらず「総合的な計画」は、有名無実化したとされた。(41) 同じ頃の評議員会（同一九五八年三月二六日）でも、後楽園敷地に予定の「延九千坪建築費約十億円におよぶ一大校舎新築」計画が、教学側においても綜合計画委員会においても審議されておらず、委員会自体が形骸化していたことが明らかにされた。(42) 要するに、応急的ではあっても「綜合計画」的とはいえるものではなかった。

しかし林体制の終焉とともに、綜合計画委員会も解消した。彼の信条三原則は、その限りで挫折した。その信条は心情的に家父長的であるとともに、大学改革の理念としても不相応であったためとみるほかはない。

(三)　林体制の終焉

林体制の終焉は次のような二重の意味をもっていたといえよう。即ち一つは施設面からいえば、キャンパスの駿河台中心主義から解放されて、新しい校地や環境を選択する方向と可能性が生まれたことである。ポスト林時代ともいうべき一九六〇年代の前半に、多摩校地の大半が買収されたことは、その第一歩であった。

今一つは前節であげた第三点が関わってくるが、それはいうまでもなく教学側の主導でその責任体制が形成され、中大改革が再出発したことである。一九六一年から六二年にかけて、総長と学長の事実上の分離や、基本規定の改正が行われたのはそのことを象徴している。

以上の二点が全学的に確認され、かつ具体的に結合し組織化されることによって、改革の道がきりひらかれていった。その原点は教学責任体制による改革方針と活動であり、その実現のための物的施設的基礎は多摩移転であった。それ故これを「中大における改革としての多摩移転」と名付けておきたい。

林頼三郎総長の大学葬直後の一九五八(昭和三三)年五月二〇日、新人会は早速新総長選出等当面する問題について、次のような方針を掲げた。(43)

一、新総長には教学関係の人を推す。

一、従来の教学面を軽視した学校行政をこの機会に改めさせ、そのために、基本規定改正の気運を高める。

これは林総長の大学運営に対する根底的な批判であり、その根拠となったのは基本規定とりわけ総長制にあったことである。林はたしかに総長として経営と教学の一体化の役割、つまり両者の調停ないし統一的役割を担って登場した。そのもとで改訂された基本規定は、林個人のカリスマ的資質とあいまって、全学的にも一定の幻想を生み出した。しかし林はアカデミックな刑法学者であるよりも、優秀な司法官僚であり、したがって教学側を代表するよりも、経営側の拡大路線に手腕を発揮した。それは教学と経営のバランスを、どのようにでも変えられる性格（体質＝三位一体制）の基本規定（総長制）と、拡大方針を経営の論理から後押しする学外学員勢力を背景としていた。

この路線が教学側を軽視した結果であること、また施設拡充自体が先に述べたように場当たり的で将来への展望に欠けることは、学内外で問題視されていた。さらにこれより二カ月前、一九五八（昭和三三）年三月の林総長三選直前の評議員会では、三位一体の基本規定は時代遅れではないか、という意見があった。(44) さらに「林時代の『基本規定』が余りにも非民主的であって、中大が綜合大学として発展することを妨げるものである。(45)」とさえいわれている。もはやこの一九五四年の基本規定が、大学改革への道の障碍物になっていることは、林の在任中から認識されていたのである。

この意味で教学側の最前線で改革を推進していた新人会(46)が、いち早く上記のような主張を掲げたことは、遅きに失したとはいえ当然といえよう。また同じ動向の中にあって同年一二月に、ようやく中央大学教員組合が結成され、「教授会を中心とした基本規定改正、大学の近代化・民主化」を支える担い手となったことも重視しなければならない。というのも、職員組合はもちろんのこと、(47) 教員組合もまた「戦後」「他大学で早くから組合が作られてきたにもかかわらず、本学ではそれが抑えられてきた事情」があったからである。(48) この「事情」は、当時の林体制の司法官僚的体質(49)のみならず、林個人のカリスマ的呪縛から必ずしも自由でなかった学内外の状況を物語っている。当時の教員組合委員長や、書記長が「ともかく林さんが亡くなった時、従来の不満が一時に爆発してそれをきっかけにして組合ができあがった」といい、「中大の教員組合は、経済要求でなく学内の教員の権限を守るというか、民主化というか、そういう意味で当時できた」とされるのはその為であろう。(50)

綜合企画委員会は、混乱の中で急激な拡充に迫られていった大学経営の危機管理のため、緊急避難的役割を果たすものであったと同時に、一方ではそのもとでの経営管理が教学体制を圧迫し、総体的に大学は非民主的に運営されていった事実は否定できない。

例えばこの委員会の構成内容から検討してみよう。[51] それは「評議員会、学員会（卒業生を中心とした校友会組織）、各学部および理事会側より推薦された合計八〇人の委員によって構成されており、圧倒的に教員以外の委員が多く」、「委員長には林頼三郎総長」をはじめとして、副委員長に評議員会議長および学員会会長がなっている。したがって「総合計画委員会が学内諸規程の整備を行うことによって、大学の近代化に貢献したとしても、客観的にみれば同時に、先ず教授会が責任をもつ教学事項の検討や、それに深い関連をもつ大学の管理運営のあり方が、主として学外の学員によってとりあげられ、それに左右されるという状況にあった」とされる。[52] この学外の学員による不当な大学運営への介入については、綜合計画委員会の活動のみならず、その設置半年前に行われた「学員会特別調査委員会」調査活動にも注目すべきである。この委員会は「学内事情全般」に関して「財務方面は固より教学方面をも調査し」、「学内事情一切に亘る」ものであって、[53] のちの「常置委員会」のような性格と、役割をもっていた。

この時期に中大の近代化の一つのメルクマールは、「学内諸規程の整備」[54] にあったことは事実であるとしても、その主導権は教学側にはなく、「学外の学員」にあったこと、及び前記の如くその規定整備も学校教育法をはじめとする国家法のもとで、新制私立大学としての対応を迫られたにすぎないことの二点を考えれば、[55] その側面での同委員会の役割を過大に評価できない。このような林体制下の状況は、その没後なおしばらく続き、一九六二（昭和三七）年に「画期なもの」[56] とされた基本規定の大幅な改訂が行われ、教学権確立の第一歩を踏み出したことによって、一応の区切りはつけられた。この時期（Ⅱ期の後半、一九五八―六二年）を「ポスト林時代」としておきたい。[57]

3　ポスト林時代から多摩校舎移転へ

(一)　ポスト林時代〔総長柴田甲四郎及び升本喜兵衛〕(一九五八―六七年)

林総長の逝去後二ヶ月たらずの一九五八(昭和三三)年七月四日、「中央大学の歴史ではじめてといわれる」総長選考に関する連合教授懇談会が開催された(58)。また先にも述べたように同じ年の暮れに教員組合が結成された(59)。この二つの事実はともに旧林体制を民主化する教学側の主導による大学改革の出発点となった。

けれどもさすがに長谷川如是閑によって「才能よりも人格」上からみて「理想的な中央大学総長」と評されただけあって、林なき跡の総長に誰を、どのように選考するかということになると、容易ではなかった。それ故選考方法そのものまで問題とせざるをえなかった。連合教授懇談会で、教学側の要望に応えられる総長であること、及び基本規定そのものの検討が要請されたのは、そのためである。これまでの総長制(総長＝「当然」理事長、総長＝「当然」学長、つまり早稲田大学等の一元型とは異質な三元型を原型とする「三位一体」総長)(60)と、これを支える当時の基本規定こそが、かえってその大学民主化の障碍物化していることは(61)、だれの目にも明らかになっていた。

しかし旧体制の全面的な克服は、困難をきわめた。その過程の紆余曲折がこの時期の特徴である。まず同年八月に旧規定のまま柴田甲四郎総長職務代行が、総長に選任された。新総長の就任は、教学側からの要望、即ち期限付きの基本規定の改正をはじめ、その改正以前には重要人事は行わない等に至る六項目を条件としていた。この教学側の期待に反して柴田総長は、就任後間もない九月一六日に理事会において、片山金章法学部長を学長に任命した。柴田・片山の総長学長コンビは、総長の諮問機関「教学審議会」を利用しながら、教学関係の諸機構や諸規則を創出制定していった。

その詳細については他に譲るが、(62)要するに新制大学発足以後（林体制下にあっても）地道に積み上げられてきた教学側の諸権利を制約したり、干渉してこれらを総長学長のもとへ集中させようとするものであった。例えば入学試験準備委員会を改めて、「入学試験委員会」とし、これまで各学部長・各学部教授会によって行われていた入試事項（出題、採点、合否判定）の実施を、総長学長の直轄下の同委員会におき、合格者の判定も学長権限としようとした。この外、学部長会議規則、大学院学則などの制定や改正についても、同様であった。

総長ワンマンで可能であった体制は、林総長なきあとでは、誰が総長になってもそのままこれを踏襲できず、柴田総長も片山学長との二人三脚によらざるをえなかったというのが実態であろう。それほど林の総長としての存在は重かったといえる。しかし、一方教員側の大学民主化の要求はさらに強かった。前記のように教員の経済的要求よりもむしろ、中央大学の民主化をめざして、この年の年末（一九五八年一二月）に教員組合が結成されたのは、このためであった。

以上のような学内情勢と、いわゆる「六〇年安保」の年をはさんだ一般的な政治状況がからみあった中で、各学部教授会と教員組合は車の両輪となり、柴田・片山体制の克服即ち教学主体の大学民主化を発展させた。その成果として基本規定が全面的に改正され、六二年一〇月新しい学校法人中央大学基本規定及び中央大学学長に関する規則が制定された。

旧規定との相違は、大凡次の点にあった。

1、総長の理事長・学長兼任「当然」制の否定、即ち総長、学長、理事長を分離し、学長選任を公選制（選挙人制）とする。総長を理事長に選任することはできるが、学長を理事長に選任することはできない。ただし学長を総長に選任することは可能である。

2、総長詮衡委員会と評議員詮衡委員会の構成を改めて、いずれも教職員の互選した委員の数をふやした。
3、学部長理事制には至らず、ただ学部長の理事会への参加は認められた。
4、評議員会に常置委員会をおき、審議権を与える。

これらは4の項目を除けば、「一定の民主的改革の前進」とされた。(63) その新規定と規則に基づいた学長選挙が行われ、升本喜兵衛学長が公選され、ついで直ちに新学長は総長に選任された。それはなお問題を抱えていたとはいえ、教学の責任体制を確立し、ポスト林体制を克服しようとする大学改革の第一歩であった。

(二)　大学紛争と改革としての多摩校舎移転（一九六八―七八年）

このような林及びポスト林体制を、さらに一掃したのは大学紛争を一つの契機とした中央大学改革であり、総長空席化体制であるといってよいだろう。

一般的に一九六八―七〇年の学園紛争は、大学執行部（法人・教学）を経営と教学とのアムビヴァレンスな情況を出現させたが、中央大学では、六八年二月学費値上げ反対運動が契機となって升本喜兵衛総長兼理事長は辞任に追い込まれた。この時の教学執行部の混乱の中で、とりわけ総長（理事長を兼任した場合はとくに）の教学総括の役割は機能しなかった。その調整機関としての立場は破綻したのである。その後の紛争期とそれに引き続く改革期（九〇年一一月迄）の二二年間は、結果として総長を空席にすることになった。このような法人教学の体制即ち総長空席体制によって、中大紛争をきりぬけ、大学改革を一層推進できたのは、何故であろうか。もちろん升本総長個人の人格能力如何の問題ではない。それは中央大学の総長の存在理由が問われる問題点がひそんでいると思われる。

多摩移転が、大学紛争を一つの契機とした中央大学改革であり、それが校地の移転と校舎の新築という創立以来の画期的な事業を伴ったことを意味している。しかし大学改革としての多摩移転という場合、大学法人本部と、主要四学部を昼夜間部含めて移転するという私立大学として比類のない事業に目を奪われやすい。

しかしそれ以上に注目すべきは、研究教育問題審議会を成立させ（一九六七年）（以下「研教審」と略称）、それを軸とした教学側の活動である。同「研教審」は、本来制度上は総長の諮問機関ではあるが、実質的には学部レベルの全学の協議機関として活用され、その意志決定機関の役割を果たしたといってよい。

升本総長辞任後、その残した大学改革の課題は、総長を空席としたまま研教審が教学の意見を集約総括し、全学の意見調整機能を補完して推進した。これまでの「教学審議会」は（「教学審」以下「教学審」と略称）、たしかに総長の重要な教学事項執行にあたっての、最終の諮問機関に違いなかったが、前記の柴田・片山時代の教学審のように全教授会の動向を把握しきれず、その審議も形骸化することを免れなかった。

それに対して「研教審」のまとめた「大学改革についての基本姿勢―第一次討議資料―」（以下「基本姿勢」と略称）は中央大学の紛争解決と改革の起点となったが、その方針決定とその後の改革推進過程で果たした同審議会の役割は、十分に評価すべきであろう。(64)もちろん研教審に問題点がないわけではない。多摩移転後の八〇年代後半、大学改革の新段階に至って、その機能に若干の停滞状況が生じた。例えばこの時期に始まった新学部創設に対する学内世論は、各学部内で調整できないまま研教審にもちこされたため、審議内容は拡散し、提案に対する各学部間の意見調整や集約は、かえって困難になったことがある。(65)

以上のように研教審の大学運営において果たしてきた役割には、長所短所の両面があるが、この時期の升本総長理事長辞任後、総長空席状況とした上で、学長以下の執行部をささえて、多摩校舎への移転と大学改革を推進した功績は、今日でも評価すべきである。とりわけ全学的な協議機関として、活用することはなお今後の課題であるが、少なくとも中央大学では「法人がかつて教学に干渉する足がかりであった総長制」[66]を無用化するため、研教審の果たした歴史的役割は無視できない。[67]

第二節　「学校法人中央大学基本規定」の総長制とその問題点

1　「研教審」の大学改革提案における総長制

林総長退陣後、現時点に至るまでの総長制は三回改訂されている。一九六二(昭和三七)年、七八(昭和五三)年及び二〇〇一(平成一三)年にいずれも「基本規定」の改訂を通じて行われた。結論的にいえばその改訂内容について一定の評価はできるとしても、これまで述べてきた総長制の問題点を、十分にふまえた改訂とはいえない。それはかつては大学改革に障碍物化したことのある上、既に無用化した総長制を、維持存続させたことだけを指していっているのではない。存続させるならそれなりの本質的な改訂を行って、大学改革の障碍化させない保障が必要であるが、これらの改訂は果たしてそれらのことを配慮していたのであろうか。

以上のことを念頭において、七八年の改訂と〇一年の基本規定への改訂の問題点を検討しよう。これまでの間、つまり前後三回の改訂の間において、総長制問題を最初にかつ根底的にとりあげたのは、やはり前記の研教審の「基本姿勢」(一九六九年一〇月一五日)[68]であろう。

当時の基本規定はその七年前に改訂された前記六二年規定であった。法人の機関である総長が「教学に関する事項を主宰し、この法人の設置する学校その他学術研究施設を総括統理する」(基本規定第四条)。一方当時「学長は学校法人中央大学基本規定(寄附行為)に定める総長の統理のもとに、中央大学の校務を掌り、所属職員を統督する」(中央大学学長に関する規則）とされていた。

　これに対してこの「基本姿勢」は、次のようなA、Bの二つの図を示し、AからBへその改訂の方向を示した。

　図Aでは総長は、大学、研究所、高等学校のすべてに対して、その研究教育を総括統理する。それぞれの学長、研究所長、校長等は、「学校教育法」によって定められた職務権限を持っているが、総長はその上に立つ教学の総括責任者である。換言すれば、総長と学長以下は、統理者と被統理者という上下関係にある。

　このような組織のもとでは、総長が如何に研究教育に理解があろうとも、また人格者であり教学出身者であったりしたとしても、大学の自治や改革の自主性を確保することは困難であろう。それは総長公選前の京都帝国大学澤柳総長事件一つとっても明らかである(69)。さらに中央大学でいえば、既述のようにこれまでの歴代総長とりわけ林、柴田両総長の時代の閉塞状況や、人事混乱の事実を想起すれば十分である。

　図A即ち六二年改訂の基本規定による中央大学の組織の致命的欠陥は、大学構成員（教学）の公選による学長と、法人関係者及び一部の教職員による選任の総長という異なった選出母胎と選任手続きのを持

A図　現行規定

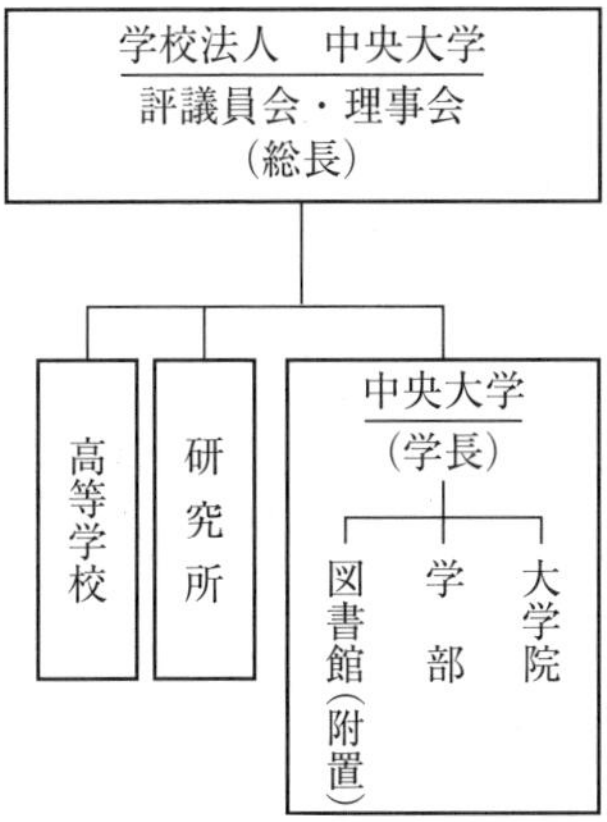

B図「基本姿勢」の改訂案

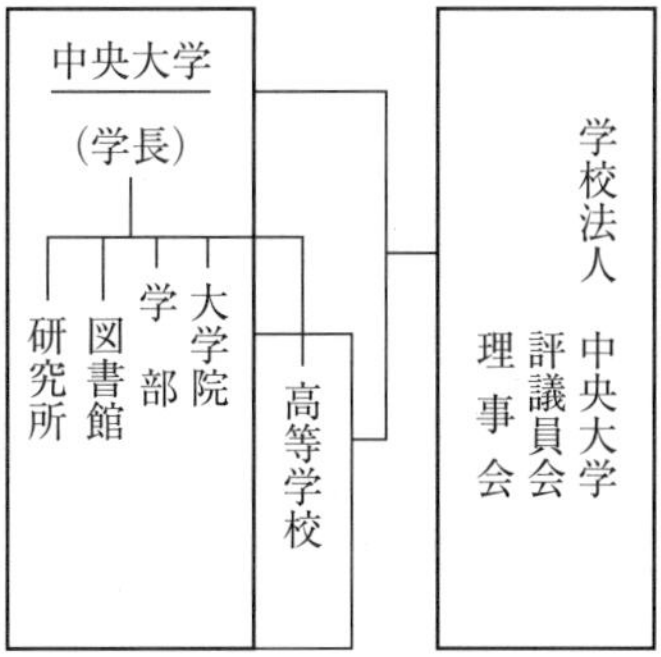

つ両者が、ともに教学若しくは校務に総括者として関わることにある。総長と学長との間に上下関係が生じたり、総長学長相互の職権が抵触するのは、その限りで必然的である。同志社大学を除く三元型の総長制の大学の殆どが、このような矛盾をかかえていることは先に述べた通りである。この欠陥の排除可能な制度の一つは、一元型の法人・教学一体制の総長制であり、もう一つは、二元型の法人・教学分立制の総長または学長制であろう。[70]

「基本姿勢」は、「大学自治の確立という観点から見て、現行規定の総長を廃止して、学長が名目的にも、実質的にも大学の総括責任者であることを基本規定で明確にすることが適切であろう」と結論している。この場合には、高校を大学付属、すべての研究所を大学付置にするように、基本規定を改訂することが前提である。これを図示すれば、B図のごとくである。二元型の法人・教学分立制であって、法人＝理事長・教学＝学長という運営管理体制をさすものである。それが「学校教育法」・「私立学校法」に則った私立大学の最も自然な運営管理の体制といってよい。

2　「基本規定」一九七八年改正と総長制

研教審の大学改革についての第一次討議資料「基本姿勢」は、大学紛争の真最中に緊急措置的に公表されたものだが、それなりに核心を衝く問題提起となっていた。そのような情況が、「基本規定」の根本的な改訂を迫ることになった。

理事会は「基本姿勢」公表直後の六九（昭和四四）年一一月に、基本規定検討委員会（第一次）を設置した。ついで同委員会のもとに小委員会を設けて、重点的な条項について検討を加えた。さらにその小委員会報告書について、同懇談会と本委員会が最終的な審議を行い、その結果あしかけ一〇年かかって七八年七月に評議員会で承認されている。[71]こうして七八（昭和五三）年改訂の基本規定が成立した。

この改訂の中で最も重要でありかつ困難な課題となったのは、依然として総長制問題であった。一〇年もかけたにもかかわらず、教学側の主張つまり総長制の廃止と、これにともなう理事長・学長の二元型運営案に対する法人や、学員（卒業生諸団体）の反対や、総長制維持の要望が根強くあって、両者の一致点を生み出すことは困難であった。結局両者の一時的な妥協によって総長制の一部改訂が行われた。その詳細について、とりわけ法人・学員会（同窓会の組織）側の意見や反論については、『中央大学百年史』（通史編下巻第一一章五節）に譲り、ここではこれまでの叙述との関連で、必要な限りで述べておこう。

前記の検討委員会小委員会は、七二（昭和四七）年六月に最終報告書を提出した。その中で、総長制については委員会の一致点を見出すことができなかったとして、甲案（学員側の主張、三人）、乙案（主として教学側の主張、七人）、丙案（学員側の一部の委員の主張、五人）の三案を併記した。

（甲案）総長制を存置し、現行基本規定第二章総長に関する規定を改正しない。

（乙案）総長制は、これを廃止し、新たに第二章学長に関する規定を設け、学長は、教学の総括責任者である旨を規定すること。学長の選任は、現行「中央大学学長に関する規則」に定める選挙方法によって選出された者を理事会が任命する者とする。この場合、教員および職員の選挙人の範囲を拡大することを検討すること。

（丙案）現行の総長制はこれを廃止し、現行「中央大学学長に関する規則」を改正し、選挙人に若干の評議員を加え、これにより選出された学長を総長と呼称する。この趣旨で、基本規定第二章総長に関する規定を改める。

甲案は現行維持であり、「基本姿勢」でいうA図の制度にあたり、第二章の分類及び私立大学一六校の総長学長制の一覧表の類型によれば、Ⅲ表1・2の三元型、法人教学分立制である。

乙案は前掲のB図の制度であり、Ⅱ表の二元型、法人教学分立制のことである。

丙案は、乙案同様二元型、法人教学分立制であるが、これまでの学長選挙規則の一部を変え、選挙人に教職員の外に若干の評議員を加え、当選者は学長と呼ばず、総長と呼ぶものである。

つまり選挙人に教職員以外の法人側の選挙人を含んでいるという点で、教職員の公選とはいえない。(72)もしこの丙案に加えて総長の理事長兼任を認めるものとすれば、(73)Ⅰ(表)一元型、法人教学一体制（三位一体）の総長制ということになるであろう。

以上甲、乙、丙三案の検討を通じて、類型比較をすれば、Ⅰ、Ⅱ、Ⅲのすべてのタイプの総長制が、この三案に包摂されることになり、総長制についての論議は、出尽くしたといえよう。

それとまた同時に、前記の一覧表に掲げた一六の大学の総長制問題を、この小委員会の報告書が総括したことになった。丙案は教職員公選に基づいておらず、又運用次第では一元型ではあるが、非公選の総長（林頼三郎時代の総長＝三位一体）制への移行も可能である。したがってこの案は丙案は当時「実質的には現行総長制の存置論である」(74)と指摘されていたが、さらに林総長時代へ逆行も可能な案であったから、次の七七年一二月の同検討委員会懇談会具申書では削除された。(75)

このような経過ののち、甲、乙両案（「基本姿勢」に示された図Aと図B）が、本委員会で検討された。その結果、乙案の総長制廃止、学長・理事長の二元型はしりぞけられ、甲案（総長存置）を前提とし、乙案の意向を斟酌して修正した改訂となった。それが七八年四月二四日付の基本規定検討委員会（第一次）の答申書である。(76)

総長制に関する改訂の内容とその理由は次の通りである。（傍点筆者）

一、総長制の存置、総長の職務権限および総長の被選資格について

①総長は存置する。ただし現行基本規定第四条第二項を次の通り改める。

第四条（総長）第二項

二、総長はこの法人の設置する学校その他学術研究機関を総括統理する。

②総長の被選資格について次の附帯決議を行うものとする。

附帯決議

総長は原則として中央大学教授の中から選考するものとする。

（理由）

(1)現行総長制に反対であるとする意見は、究極的には現行基本規定第四条第二項中「総長は教学に関する事項を主宰し、」という文言により、学長権限と抵触しているというので、この文言を削除し、総長と学長との職務権限の区分を明確にするとともに、総長の地位を法人の機関として純化した。

(2)現行基本規定第四条第二項中「その他学術研究施設を」の「施設」という文言は適当でないので、これを「機関」に改めることにした。

(3)総長の被選資格については、現行規定上は明記されていないが、総長は事実上教学から選任するということで意見が一致したので、これを附帯決議とした。

なお、総長選任に際し広く人材を求める意味で、例外として中央大学教授以外からも選任しうる余地をのこ

した。

二、総長の選考方法について

現行どおり（注　基本規定第五条、第六条）とする。

（理由）

今回の改正においては、総長の職務権限に関する規定のみを改正しその他の事項は改正しないこととした。

以上の答申の各条項については、これまでの論述からいって、逐一説明が必要である。例えば総長の被選資格を、何故「例外として中央大学教授以外からも選任しうる余地をのこした」のような曖昧な文言を、しかもどうして「附帯決議」で残すことになったのか。第二章に掲げたⅠ、Ⅱ、Ⅲの表によれば、主要かつ歴史ある大学では、規定上でも総長の被選挙資格は明確である。それに比べるとこの文言の曖昧さは気になる。（各大学の教学の首長選挙に関する規定は、「付表　私立一六大学総長学長制度規則一覧表」参照）

現時点に至るまで中央大学総長制にかかわる核心的な課題は、二つあってその一つは、総長の教学による公選制に問題があり、今一つは、これまで述べてきた大学自治と改革問題であろう。前者については暫く措き、後者についてこの答申の持つ否定的な意義は重大である。

即ち総長規定（学校法人中央大学基本規定第四条第二項）の内、その職務権限を「総長は、教学に関する事項を主宰し、この法人の設置する学校その他学術研究施設を総括統理する。」から、「教学に関する事項を主宰し」を削除し、「学術研究施設」を「学術研究機関」と改めた。教学事項はその分だけ学長の職務権限に委譲したかのようにみえる。上記のように当時の記録ではこの部分の改訂を中心として、「総長」制は法人機関として純化したと評価したのである。

しかし総長制が純化した法人機関になったとは、総長制が教学機関たることをやめて、純然たる法人機関に転化したことをいうのであろうか。勿論そうではあるまい。

新規定で改訂された部分は、総長職権の対象を具体的に示して「学校その他学術研究機関」の「総括統理」とする。即ち総括統理の対象が、旧規定の「施設」（物的構造物）を改め、「機関」（人的物的統一体）と規定した。この「学校その他学術研究機関」の中には、付属高校、諸研究所は勿論、大学さえ含まれているから、以前より徹底したきめ細かな教学諸機関に対する総括権と解釈できよう。

「教学」「主宰」権という抽象化した一般的文言を削除した代わりに、大学をはじめとする「学校その他学術研究機関」を総長の「総括統理」の下におくのであるから、以前よりさらに明白に学長の権限に抵触する。この新基本規定を学校教育法に照らし合わせてみる限り、旧規定同様総長側よりする学長職権への侵害なのである。純化した法人機関であるといいながら、教学公選の学長職権の侵害を認める規定は(77)、大学自治に反することはいうまでもない。

大所高所論、総長の教学側への諮問機関「教学審議会」による調整機能説、あるいは「大学の顔論」等の意見は(78)、この侵害規定の隠れ蓑にしようとするにすぎない。

このことは中央大学における経営と教学の分離と合理化、即ち私立学校の近代化のたち遅れを示すものであろう。林頼三郎時代の経営と教学の一体化は、三位一体の総長制をもたらしたが、その功罪の評価は大学の内外においても不十分であったと考えられる。この八七年改訂においても、全学的にその呪縛から自由ではなかったというほかはない。

3　髙木友之助総長選出の背景とその問題

一九八九（平成元）年から二〇〇二（同一四）年にかけて、再び基本規定の全面的な再検討が行われるの中で、とくに総長制度の見直しが重要課題となった。その経過は本稿の主題からみて、極めて重要であるとともに、その問題点が一挙に露呈されているので、若干立ち入って考察しておこう。

とくに注目したいのは、理事長の諮問に対する「総長に関する検討委員会」（「総長検委」と略称）の答申と、それが契機となって、二二年ぶりに総長に髙木友之助教授が就任したことである。

八九（平成元）年六月一三日に山本清二郎理事長から「長年にわたる総長不在の状況を招来せしめている要因について、その制度の内容を中心に多面的に調査・検討を加え、問題点を摘出整理し、今後措置すべき方策を答申してほしい」旨の諮問が、同総長検委に出された。これを受けて一年たらずの間八回の委員会で検討した結果、九〇（同二）年四月一七日につぎのような総長検委（委員長堂野達也）の答申を行った。(79)

「（前文省略）

答 申 の 要 旨

当委員会は、現行総長制度並びに昭和五三年七月一六日開催の評議員会における『総長は原則として、中央大学教授の中から選考するものとする。』との附帯決議を尊重する。

当委員会において、教学側は、改めて総長候補者を基本規定にもとづく総長選考委員会に推薦することを明らかにした。よって、理事長は、その候補者の推薦を俟って総長選考委員会を招集し、総長選考手続に着手されるよう要望する。」

（「審議経過の要領」省略）

この答申に至る審議の中の最大の争点は、やはり教学側の総長不要＝現行規定改廃論と、法人及び「学員」（同窓会の組織）側の総長選任＝現行制度維持論の対立であった。答申書の実態は、結局両者の妥協案であって、総長制そのものの根本問題の解決にはならなかった。

ただ妥協案とはいえ、この答申の審議経過の要領等（および同委員会速記録）に明らかな通り、教学側では次の三点を総長候補者推薦の条件としたことは、十分注目すべきである。（「教学三条件」と仮に呼ぶ）（補注二）

一、学長たる現任教授を総長候補者に推薦すること
二、この場合、総長の任期と学長の任期を合致させること
三、基本規定の改正が実現するまで、上記二点を慣行として遵守すること

もしこれが実現すれば、現行規定の枠組の中で、現任教授一人が総長と学長を兼任し、法人理事会＝理事長に対して、法人・教学分立制で二元型の首長組織となろう。

その際に学長の教学公選が先行し、その当選者が学長候補者になり、かつ教学側より総長候補者としてその選考委員会に推薦されるという手順になる。

ただしこの委員会の当面の合意は、「①現行基本規定の下で総長を選任する。②教学側が、学長たる教授を総長候

補者として推薦することがあっても、それは差し支えない」という二点であった。(80) 実際にもこの合意の下に、総長選任が進んだ。

この年（一九九〇年）一〇月一〇日、任期満了による学長選挙で、髙木友之助教授が当選し、まず学長候補者となった。ついで翌一一月二日の総長選考委員会において、前記の「教学三条件」をまとめた学長川添利幸委員が、総長候補者に髙木次期学長候補者を推薦し、満場一致でこれをきめた。さらに一一月五日理事会で、髙木教授の総長就任（任期三年）を承認し、その就任日を翌六日として、兼任する学長（任期三年）の就任日の六日と一致させた。かくして髙木総長兼学長の一期目が始まった。

以上のような経過で、二二年ぶりに総長が復活した。その意義は頗る大きい。

それはまず第一に現行規定の三元型の枠内で、二元型にも移行しうるとともに、大学首長公選を現実化する一つの方向を試行したことである。公選の学長が総長となった場合、両者の任期はいずれも三年間である。その就任日は、いずれも一一月六日である。総長兼任学長に不慮のことがなければ、三年後の一一月六日には、改選（または再選）された教学公選の学長が、今回同様に（総長選考委員会の選考を経て）総長に推薦されるはずである。このような三条件による総長兼任学長の選出手順が慣行化されれば、総長学長の一本化とともに、その名称はともかくとして、大学首長の公選制は自ずから確立するであろう。三条件に込められた教学側の狙いは、必ずしもそこにあったとはいえないが、(81) 客観的には二元型で理事長・総長（または学長）の法人教学分立体制への布石たりうるものであった。(82)

次に注目さるべきことは、この教学三条件によって髙木学長は総長に就任し、総長制は確かに復活したが、それはあくまで一つの試みであり、将来にわたって、その試みの慣行化が保障されたわけではなかった点である。基本規定の枠組みの中に止まる限り、これまで述べてきた中央大学の総長制の課題解決への展望は開かれていないというべきであろう。

このような経緯と課題のもとに復活した総長制は、その後どのように展開したか、またこの間に進められた基本規定の度重なる改訂の動向について、簡単に検討しておこう。

高木総長は次の任期（二期目）には、学長には選ばれなかったが、総長には選任された。早くも教学側苦心の総長擁立のための三条件は、反故にされた。

それには次のような経緯があった。高木総長兼任学長の任期は同じで、ともに一九九三年一一月五日に終わる。学長については、それより一ヶ月ほど前の一〇月一〇日に選挙が行われ、外間寛法学部教授が当選して承認された。高木総長が学長選挙で選ばれなかったのは、翌年三月末日をもって定年退職となるからである。(83) 一方総長選考委員会（法人、学員、教職員の代表計六〇人）は、評議員会付帯決議（七八年七月一六日開催）に総長の被選挙資格は「原則として中央大学教授」とあるのは、例外として中央大学教授以外からも選任しうる余地ありという理解のもとに、高木総長の再任をきめた。

かくして教学三条件は無視され、高木総長、外間学長という教学二頭制が生まれた。

山本清二郎理事長とセットすれば、三元型の法人教学分立制に戻ったことになる。この体制は、次の学長選挙・総長選考期の九六年一〇―一一月でも引き継がれ、高木総長（三期目）・外間学長（二期目）のコンビが続いた。高木総長の三期目の終わりは、一九九九年一一月五日であり、同時に任期満了になった。規定上では四選の禁止はないが、選考委員会は、新総長の適任者を選任できず、高木前総長は、規定（「基本規定」第四条二項）によって後任者の就任するまで、その職務を執行することになった。以後二〇〇〇年二月一日高木総長の逝去を経て、現時点（二〇〇三年五月）に至るまで、新総長は選任されておらず、ここ三年余りその空席状態が続いている。(84) 一方空席状態の原因の一つは、以上の経緯に並行して「基本規定」のとりわけ総長制を見直す委員会の審議結果待ちという事情もあった。この委員会は「学校法人中央大学基本規定（寄附行為）検討委員会（「第二次」）（以下「第二次検討委」と略称する）が、一応の答申（総長制度、理事・監事制度、評議員制度、研究所問題、及び収益事業の四項目）をした後、さらに理事会の要請により、基本規定の総長に関わる部分に限定した検討を行うべく発足した委員会（「総長制第二次検討委」と略称する）である。

この「総長制第二次検討委」は、一年余の間に計一二回の委員会を開き、二〇〇〇（平成一二）年一二月一六日にその答申を行った。その答申に基づいて若干の改訂を加え、〇二年四月一日に施行された。この改訂された新規定のもとで、総長選考委員会はこれまで何回か断続的に開かれている。しかしその選考は進まず、総長は暫く空席がつづいた。（二〇〇三年一一月外間寛名誉教授の総長就任まで）

4　現行「基本規定」（二〇〇六年七月二一日施行）をめぐる問題点

画期的といわれた七八（昭和五三）年の基本規定の改訂以降、改めて今日までの改訂の歴史を省みると、総長制ほど論点が明確であり、しかも他の条項と異なって二回も特別な委員会を組織して審議を尽くした条項はほかにない。他の条項は例えば、理事監事制度にしても、評議員制度にしても新規定にしたがって既にそれぞれ運営されている。とすれば総長制度のみが、空転しているのは何故であろうか。結論的にいえば、学校法人中央大学基本規定（寄附行為）は、その当初から現行の新基本規定に至るまで、総長制をその本質において捉えることができず、その位置づけにおいても誤っているからである。これまで本稿で述べてきたように、大学の首長はその自治と改革の総括者であるとともに、国民に対する研究教育上の社会的な責任者である。したがって大学教職員を中心とする公選制によって、これが保障されるべきである。

ここでは以上のことを前提にして、現行（二〇〇六（平成一八）年七月二一日施行）についてその組織説明図と、同基本規定及び「中央大学学長に関する規則」（学長規と略称）の抜粋を次に掲げる。

学校法人
中央大学　法人 ― 理事長（総長が兼任することも可、学長兼任の総長が理事長を兼任することは不可）……この法人の業務を統理しこの法人を代表する。〔一一条三項、一六条二項、二〇条〕
教学 ― 総長（学長兼任も可）……この法人の設置する学校その他学術研究機関を総括統理する。〔四条二項〕〔学長規四条〕
教学 ― 学長……中央大学の校務を掌り、所属職員を統督する。〔学長規二条〕

「学校法人中央大学基本規定（寄附行為）」抄

第一章　総則（中略）

第三条　この法人は教育と研究とを行わせるため、次に掲げる学校及び研究所を設置する。

一　学校

ア　中央大学

大学院（以下、研究科、学科、課程、及び科名省略）

法学部

法学部二部

法学部通信教育課程
経済学部
経済学部二部
商学部
商学部二部
理工学部
理工学部二部
文学部
文学部二部
総合政策学部
イ　中央大学高等学校
ウ　中央大学杉並高等学校
エ　中央大学附属高等学校
二　研究所
ア　日本比較法研究所
イ　中央大学経理研究所
ウ　中央大学経済研究所
第二章　総長

第四条　この法人に総長を置く。
2　総長は、この法人の設置する学校その他学術研究機関を総括統理する。
3　総長の任期は三年とする。ただし、任期満了の後においても後任の総長が就任するまでは、その職務を行う。
（総長の選任）
第五条　総長は選考委員会（中略）の選考した候補者について、理事会が選任する。
（選考委員会の構成）
第六条　選考委員会は、次に掲げる者で組織する。
一　学長・研究所長及び高等学校長
二　各学部長及び各学部教授会で互選した者各三人
三　大学院研究科長及び各大学院研究科教授会で互選した者各二名
四　理事会で互選した者五人
五　評議員会で互選した者若干人
六　事務局長及び副参事以上の職員から互選した者二人
2　前項第四号に定める委員の員数は、第三号の員数と合算して第一号、第二号、第三号及び第六号の員数の合計と同数とする。[85]
（第七、八条省略）
第九条　総長の諮問機関として、教学審議会を置く。（中略）

第十条　総長は、学校その他学術研究機関に関する規則の制定又は改廃並びに重要な学術研究機関の設置又は改廃について、教学審議会に諮問しなければならない。

（理事長）

第十六条　理事長は、理事（職務上理事を除く。）のうちから理事会が選任する。

2　前項の規定にかかわらず、総長たる理事を理事長に選任することができる。ただし、総長と学長とが兼ねる場合は、この限りでない。

3　（省略）

第二十条　理事長は、この法人の業務を統理し、この法人を代表する。

2　（省略）

3　理事長以外の理事は、この法人を代表しない。

第二十一条　理事長は、理事会の承認を得て、第四条第二項について総長たる理事に委任することができる。

〔中央大学学長に関する規則　抄〕〇二・五・二五施行

（学長の職務）

第二条　学長は、中央大学の校務を掌り、所属職員を統督する。(86)

（学長と総長の兼任）

第四条　学長は、総長が兼ねることができる。ただし、第五条に定める選任方法によらなければならない。

（学長の被選挙資格）

第五条　学長は、中央大学専任教授（特任教授を除く）の中から選任する。

（選任の方法）

第六条　学長は、学長選挙人（省略）の選挙によってえらばれた者について、理事会が評議員会の議を経て選任する。

（選挙人）

第七条　選挙人は、次の各号に掲げる者とする。

一　各教授会会員（特任教授を除く）

二　副参事以上の者

三　主事及び副主事（省略）で互選した者若干人

2　前項第三号に定める選挙人の数は、第二号の員数と合算して百五十人となる数とする。

（学長候補者の推薦）

第一一条　中央大学専任の教員（特任教員を除く）・職員（以下「専任教職員」という。）は、学長候補者を推薦することができる。

2　前項に定める推薦は、一人の候補者について専任教職員十人の署名を得なければならない。

第一　組織説明図と、基本規定の文脈をみよう。総長は一方では法人機関であり、かつ他方では学長とともに教学権に関わっている。つまり総長の総括統理する「学校その他学術研究機関」（四条二項）とは、「一　学校」として「ア　中央大学　大学院」以下「法学部」等昼夜間を含む七学部、「イ　中央大学高等学校」「ウ　中央大学杉並高等学校」「エ　中央大学附属高等学校」、及び「二　研究所」として法人附置の三研究所（「ア　日本比較法研究所、イ　中央大学経理研究所、ウ　中央大学経済研究所）、及びこの基本規定外におかれている大学附置の「研究開発機構」と、五研究所（「社会科学研究所」、「企業研究所」、「人文科学研究所」、「政策文化総合研究所」、「保健体育研究所」）である。

中央大学学長が掌るべき「中央大学の校務」（学長規二条）の範囲とは、「一　学校」の「ア　中央大学」以下、大学附置の前記の諸研究所である。とすれば総長の教学「総括統理」権は、学長の掌握すべき校務（「学校教育法」、「私立学校法」並びに前記「学長規」二条）という教学権に抵触せざるをえない。教学権をめぐって総長と学長が対等であれば、たんなる重複＝抵触だろうが、一般的には（つまり職位上は）総長は、学長の上に立つから、この場合は総長の学長教学権（公選の学長の担う大学自治権）に対する侵害となっていることは明らかである。(87)

第二　第一に述べたように規定上は、明らかに総長は教学権を総括統理しており、その限りでは最高の教学機関であるといってよい。とすれば、「法人がかつて教学に干渉する足がかりであった総長制は、大きな改善を成し遂げて今日に至っている」(88)という評価には、全面的にしたがうことはできない。これは今から二〇年前の教員組合における評価であり、たしかに七八年の改訂は、法人から教学に一定の自立をもたらしたが、上記のように教学干渉の足がかりは総長のもとに残されている。七八年改訂の際に総長権限は学長権限と抵触するからという理由で、旧総長の職務権限の一部の文言を削除した。これをもって「総長の地位を法人の機関として純化した」と当時公式に記録された（一九七八年四月二四日　基本規定検討委員会第一次答申書、本書の一二九頁）。

しかしそれにもかかわらず、総長は法人機関として純化しておらず、現行規定においても最高の教学機関であることにかわりはない。純化してはいないのに、純化したというこの公式記録の欺瞞はみのがせないが、さらに注目すべきは、純化に賛成する側もこれに反対する側も、純化していないのが実態であるという認識では一致していることである。たとえば右の公式記録記載の一一年後の総長に関する検討委員会（第五回委員会）では、同委員長は一委員の「ですから（総長は）『法人の機関に純化する』とあるが、純化できていないわけです」という発言をひきとって「純化できないんじゃなくて、純化してないんです」と述べるとともに「基本規定第四条の第二項の『総長は、この法人の設置する学校その他学術研究機関を総括統理する。』ということで、これ（総長）は純粋に、法人機関じゃないことは、これではっきりしている」と締めくくっている。この発言は純化賛成の立場にあった教学側の認識とも一致している。(89)

第三　表Ⅰ―Ⅲを参照すれば、いずれの大学でも公選でない総長学長には、教学権に関わりはないことは、これ又明らかである。その例外となるのは立教学院院長、駒澤大学総長及び中央大学総長である。この三大学は三元型であり、規定上総長（院長）には教学総括権があり、且つ非公選であるが、学長（立教大学は総長）は公選であるという三点で共通している。しかし立教、駒沢の両大学の院長、総長は、とくに信徒条項、クリスチャンコード規制のもとで選任される。したがって院長、総長の役割は、その実質的な教学の総括よりも教学機関全体を象徴する存在であって、実質的には教学に関与する余地はないと考えられる。

中央大学総長の場合は、この両大学と異なる条件のもとにあることはいうまでもない。それは建学の由来や、信徒条項規制の有無などの違いもあるが、最も重要なことは大学紛争中から二二年間、総長の空席状態のもとで、大学自治と改革を進めてきた主体が「教学」体制であったという点である。繰り返すようであるが、その中心は学長と研究教育審議会及びこの両者を支えた教職員であり、またそれに協力した総長職代行を含む法人関係者であった。教学主導の諸改革は、総長の空席のまま進められ、結果的には総長の教学権総括を必要としなかったのである。同時にそれは学長以下教学諸機関が、総長ぬきで、それに代わって、実質的に「学校その他学術研究機関を総括統理」する力量を備えていることを証するものである。

結び――総括と課題

以上のような経過をふまえて、中央大学の総長制の沿革を、一私立大学の教学と経営の近代化及び大学の社会的使命の達成という観点から総括すれば、次のようにいうことができよう。

第一に英吉利法律学校創立当初の校長時代から、一九一九(大正八)年の大学令施行後の学長理事併任体制を経て、戦時中一九四三(昭和一八)年以降の理事長兼学長並びに専門部代表時代（旧制大学）に至る六〇余年間は、経営と教学の長はいずれも一人が併任もしくは兼帯している。それは両者の一体化を象徴しており、教学の自立化したがって経営の近代化は、その中に埋没していた。

その限りでいえば総長制が成立する以前の中央大学は、かかる前近代的私学経営が、教学側から問題視される以前の状況にあったといえよう。反面そのことなしには当時、とりわけ戦時中の国家統制下にあっては、私学としての存続も、おそらく困難であったことも注目しておかなくてはならない。

第二に第二次大戦以前に、総長制を擁していた他の私学諸大学と異なり、戦後新制大学発足とともに、総長制を設置した中央大学は、その公選制などをはじめ、教学の自立を前提とする大学改革に立ち後れた。それ故にその教学と経営の二権分立と、その両者の調整という機能を果たし得なかった。とくに総長兼理事長時代、例えば非公選の林頼三郎総長理事長時代には、大学の民主化が妨げられ、教学権の自主自立化は先送りされた。

また教学の期待を全面的にうけて、公選制最初の学長となり、ついで理事長も兼任した升本総長の時代にしても、大学改革とこれに併行した大学紛争の危機を、乗り切ることはできなかった。それはもちろん総長個人の人柄、力量如何のみに帰せらるべきものではなく、むしろ原因はその前近代的な大学の体質から脱皮しきれなかったことにある。

第三に注目すべきは、大学紛争を契機に升本総長が退陣した後、二二カ年余りにわたって総長空席の時期があったことと、それにもかかわらず、むしろこの時期（一九六八―九〇年）に、マスプロ教育の改善と、教学権の確立を同時的に進める大学改革並びに、これらに連動した画期的な校舎の多摩移転が、実現したことをあげなくてはならない。その経緯の中では、一方では理事長以下理事会などの協力を得るとともに、他方では教職員の全面的な支持を得てきた、戸田修三以下の公選による歴代の学長の果たした役割を重視せざるをえない。このことは教学と経営の分立と、両者間の調停者的役割を、総長不在にもかかわらず、学長がこれに代わって十分に果たしたことを、十分に証拠だてたといわなくてはならない。とすれば総長の教学出身者の就任が慣例化しようが、又総長と学長の職務権限が、相互に抵触しているいないにかかわらず、総長それ自体は無用の長物にすぎない。のみならず現状のままでは、却って大学の民主的運営の障害物となる恐れは大きい。

最後に指摘しておきたいのは、前記のように私立大学における研究教育状況は、一般に改善されつつあるとはいいながら、本学の総長制がはらんでいる制度的問題点や、それにともなう総長職執行の矛盾は、ともに早急に克服すべき不可避の課題である。とすれば大学の首長（いわゆる総合大学の学長）の固有の役割として、これまで追求してきた二つの問題点（全教学諸機関の総括、および法人・教学間の調整統一）は次のような方向で改革さるべきではなかろうか(90)。

その一、「法人の設置する学校その他研究教育機関」を、学部のみならず研究所、付属諸学校等もすべて大学の付置、付属とし、その総括統理（意見、意志の調整統一）は、教学公選の首長が行い、大学の自治と改革を進める。

その二、法人と教学の分立を前提とし、その調和と統合のため、全学的な調整協議機関を置き、これによって大学の社会的責任をはたすための保障システムとする。この場合大学首長は、「一元型」の総長制（早稲田、慶應、法政の諸大学の総長公選による）になる可能性もあり得るが、結局、これまで述べてきたように学長一本化の体制にならざるをえない。総長は、学校教育法をまつまでもなく、無用の長物でしかない。[91]

これを要するに解決の基本的方向は、教学と経営との両面において「その自主性を重んじ、公共性を高めること」（「私立学校法」第一条）の二点である。

（1）第一部　第一章

（2）以下とくに注記ない限り、資料は『中央大学百年史』通史編上巻による。

（3）当時の五大法律学校（専修、法政、早稲田、明治及び中央の諸大学の前身校）でも、同様であったとみられる。東京三田に移転して開塾した頃の慶應義塾の福沢諭吉の塾運営は、その両者統括の典型であろう。

（4）『中央大学七十年史』一二頁

（5）中川壽之「菊池武夫日記」解題（『中央大学史資料集』第一一集所収　三八四頁）

（6）『中央大学史資料集』第三集　三七九頁

（7）沼正也「人間関係からみた初期中央大学史の数コマ」一二『中央キャンパス』一六一号

（8）『中央大学資料集』第六、九集、及び一一集解題

（9）『中央大学百年史』通史編上巻　三二一―三頁、『中央大学史資料集』第一一集六三―七三頁

（10）新井要太郎著同発行　一九三八年六月刊

（11）一九一八年大学令公布後、その大学令による昇格運動に素早く立ちあがったのは、当時の校友組織の学員会であるが、そのなかでも「中央大学同窓而立会」という有志の団体の建議には、次のような一節がある。「惟ふに母校創立以来三十有余年其の養ひ来れる剛健質実の校風か産む所の実力」を以てすれば、大学昇格の実現こそは、「天下是よりも為し易きこと之

なからん」(『中央大学百年史』通史編上巻三四二―三頁)
(12) 第四章参照
(13) 同前
(14) 『中央大学百年史』通史編上巻三三九頁以下、なおこの問題については、天野徳也「往時を追想して」(『中央大学学報』一六―三　一九五三年五月)がくわしい。
(15) 『中央大学史資料集』第一集一三八―九頁
(16) 『中央大学百年史』通史編上巻三四三頁
(17) 『中央大学史資料集』第二集二―三頁
(18) 同前
(19) 既存の東京、京都、東北、九州、北海道等の帝国大学の教授会規定は別として、私立大学の場合、早稲田大学では講師会(一九〇六年)、教授会(一九一一年)の規定がすでに行われていた。『早稲田大学八十年誌』(早稲田大学　一九六二年)一三四―五頁
(20) 第一章第一節及び第二節
(21) 第一章第二節
(22) 高橋清四郎「中央大学と大学令」(『中央大学史紀要』第一号　一九八九年)八〇―二頁
(23) 角田茂「教授制と専任教員問題」(「タイムトラベル中大百年」八九　『中央大学学員時報』三五六号　一九九七年九月二五日)
(24) 「教員学生等報告綴」(中央大学大学史編纂課所蔵)
(25) 「聯合教授会議事録」(同前)昭和二二年一二月一二日開催、同臨時聯合教授会議事録
(26) 同前及び「中央大学学部教授会規程」(一九四九年四月)『中央大学における大学改革の歩み』資料編(I)所収(中央大学研究教育問題審議会編　一九八一年一〇月、以下『歩み』と略称)
(27) 同前
(28) 『中央大学資料集』第二集一四〇頁

(29)「中央大学理監事会決議録」一九四七年三月八日、同一三日条
(30)『図説中央大学』巻末年表、鮎沢成男「新制中央大学の発足と『学校法人中央大学基本規定（寄付行為）』」『中央大学史紀要』五号、一九九四年）
(31)『歩み』資料編（Ⅰ）八頁
(32)学校法人中央大学基本規定（一九五四年三月認可）『中央大学七十年史』二一一―三六頁）
(33)とりわけ三位一体制総長の規定をもつ早稲田大学（校規第七条、一九八八年現在）、慶應大学（義塾規約第七条、一九八七年現在）、法政大学（寄付行為第一二条、一九六五年現在）等参照
(34)長谷川如是閑「故林総長を悼む」（『中央大学学報』二一―四　一九五八年七月、本学学員課刊）、菅原彬州「林頼三郎総長の逝去」（『白門』四五―九　一九九三年九月）、『中央大学新聞』四九八号（一九五八年五月一五日）
(35)「中央大学学長に関する規則」
(36)『中央大学百年史』通史編下巻第一〇章第二節
(37)『七十年史』一二三頁、『中央大学新聞』四九九号（一九五八年五月二五日）
(38)『学報』一六巻一号、四頁、この「信条三原則」の内、一、学風の顕揚において林総長は従来からの「質実剛健」に「家族的情味」を加えて、学風の「二大標語」とした。かような学風、あるいは校風形成について、総長のリーダーシップについては、第四章を参照。
(39)『学報』一六巻二号、七一二頁
(40)『歩み』、三頁、『図説中央大学』巻末年表、一三―四頁
(41)『中央大学新聞』四九九号、五八年五月二五日
(42)『中央大学学報』二一―三、五八年五月一日
(43)『中央大学新聞』四九九号　一九五八（昭和三三）年五月二五日号。新人会は、助手、特選研究生、助教授、専任講師らによって、一九五四年に結成された若手教員組織。
(44)『中央大学百年史』通史編下巻　第一〇章第一節、二六七―八頁
(45)『中央大学教員組合十年史資料』（同組合　一九七二年）一八三頁

(46) 例えば七〇周年記念体育館建設反対運動など。『歩み』五頁

(47) 当時本学の職員組合の実態については、『中央大学百年史』通史編下巻　第九章第三節及び『教員組合の二十年』(中央大学教員組合、一九七八年)七頁等参照

(48) 一九五八年一二月二七日、中央大学評議員宛、同教員組合委員長中村武書簡、「教員組合結成趣意書」、『教員組合の二十年』三頁以下、『中央大学教員組合二十年史資料』、一八一頁以下)

(49) 「滝川事件」における当時の検事総長林頼三郎氏の関与については、さまざまな説があるが、いずれも伝聞証拠であって確証はない(第一部第一章第二節参照)。しかし戦後であるが、この問題について学内誌に、次のような評価があった。「滝川教授の所説が、国体にそむく赤い学説だといわれ出したそもそもの端緒は、前年(昭和七年)秋本学法学会で行われた講演会での教授の学術講演にあった。当時先生は、在官のまま母校の法学部長を兼ねておられた関係から、世間の取沙汰には無関心ではあり得なかったのであろうし、検事総長という職務上の立場もあって、随分苦しまれたらしい。滝川事件そのものに先生が関与されたという事実は、それほど重要な比重のかかったことではなかったであろうけれど、敗戦後先生が公職から追放された際の理由の一つとして、この滝川事件をもって、先生の自由主義或いは民主思想への圧迫事実として指摘されているという意味で重要である。」乾坤一擲を嫌い、石橋を叩いても渡らなかったという「慎重居士」の林は、その生涯の殆どを在朝法曹界にあり、周知のようにその頂点に上り詰めて司法部三長官を歴任している。その点で根から官僚的であったことが、この事件への関与のしかたに示されているように思われる(中央大学学報編集部「林総長の輪廓」特集　林総長追悼『中央大学学報』二一―四　一九五八年七月)。

(50) 『中央大学教員組合十年史資料』、一八五―六頁、および『歩み』四頁

(51) 『学報』一六巻二号、六頁以下、『歩み』四―五頁

(52) 『歩み』四―六頁

(53) 『学報』一六―四、三二頁

(54) 『中央大学百年史』通史編下巻　第九章第三節参照

(55) 『歩み』資料編I、八頁

(56) 『歩み』七頁

(57)『中央大学百年史』通史編下巻　第一〇章第一節参照
(58)『歩み』六頁
(59)注(48)参照
(60)注(32)参照
(61)注(45)参照
(62)注(57)参照
(63)『歩み』七頁
(64)当時の明治大学学長斉藤正直氏の意見、戸田修三「私立大学の直面する課題」(『中央大学教員組合第二回教研集会報告』所収)
(65)学長学部長会議および各教授会におけるそれぞれのレベルの意見の調整は、日常的な問題についてはそれほど難しくはなかった。しかし新学部の創設は、大学改革の将来像にかかわる長期的問題であったが、その計画や手続き問題で、性急な提案者(学長)との間に〈ねじれ〉が生まれた。結果として計画は諒解するが、手続きは不可とするといったスコラ論議となった。この際には研教審も十分機能していなかった。
(66)岩波一寛「『基本規定』改正の歩みをふりかえって」第一回教研集会報告『中央大学のさらなる改革に向けて』その一(一九八三年　中央大学教員組合)
(67)大学運営上、総長学長制と「全学的な協議会」との関係については、他大学でも多くの事例があることは既に述べた。一般に私立大学では、国立大学の学長と大学評議会とのあり方とは、その位置づけは同じようでも性格は異なっている点に注意する必要がある。「学校教育法」五九条、「学校教育法施行規則」六六条、「国立学校設置法」七条、「国立学校設置法施行規則」二〇条一二、「教育公務員特例法」二五条等参照。早稲田大学の事例については、『早稲田大学百年史』第三巻参照
(68)同資料(『歩み』資料編(一)所収)一三四頁以下
(69)第一部第一章第一節(二)
(70)同志社大学は、総長と学長をおき、理事長との三元型である。総長は教職員による直接選挙、学長は教職員と学生による第一次直接選挙及び教員のみの第二次直接選挙の結果につき、評議員会、理事会の議を経て選任される。法人・教学分立の

三元型ではあるが、総長、学長ともに、教学集団に徹した公選制をとっている。また総長の職務も「諸学校の教学を統括する」としている。第二章Ⅲ表2参照

(71) 学校法人中央大学基本規定検討委員会小委員会報告書一九七二(昭和四七)年六月二九日

(72) 二元型の法人教学分立制の中では、立命館総長の例がこれに近いが、Ⅱ表にみるように立命館では、学生生徒代表を含めた教職員の選挙人は、法人側のそれより圧倒的に多い。したがってこの場合は総長の教学公選といえるだろう。

(73) 現行の基本規定に至るまで両者の兼任は容認されている。二〇〇六(平成一八)年七月二一日施行「学校法人中央大学基本規定」第一六条第二項

(74) 注(71)に同じ

(75) 学校法人中央大学基本規定検討懇談会具申書一九七七(昭和五二)年一二月二六日

(76) 第一回の検討委員会(本委員会)開催(一九六九年一二月七日)から、同委員会答申書提出(一九七八年四月二四日)に至る約一〇年間に、本委員会四〇回、小委員会二九回、懇談会一〇回合わせて計七九回の会合が持たれている。長期間かけて、論議はつくされたといえるかも知れない。ただしこの間総長は空席であり、また後述のように一九九〇(平成二)年一一月ようやくいったん髙木友之助学長の総長選任が実現した。しかし、その九年後には同総長の後任を選任することができず、その空席化がはじまった。(一九九九年一一月以降二〇〇五年一〇月現在)なお補注二参照

(77) 七八年改訂以後においても、総長制は「法人機関として純化していない」というのは、教学側は勿論、学員卒業生らも共通した認識である。中央大学総長に関する検討委員会議事録第四回(八九年一〇月二四日)三―八頁、同第五回(同一一月二一日)九―一一頁

(78) 主として法人や、学員側から、総長問題について必ず出される主張である。中央大学基本規定検討(第二次、総長制関係)委員会答申書　二〇〇〇(平成一二)年一二月一六日、中央大学総長に関する検討委員会(以下「総長検」と略称)答申書一九九〇(平成二)年四月一七日、同議事録　前掲第五回(八九年一一月二一日)他。

(79) 「総長検」答申

(80) 注(75)に同じ

(81) 三点骨子はその三項目にことわっているように、その後に予定された総長制を含む基本規定の改訂までの、いわば暫定的

な申し合わせであった。「総長検」答申、同委員会速記録、「総長問題について—教職員の意見—」(一九九〇・三・一四)

(82) 前述の升本総長期においても、総長学長兼任(一九六二年一一月一九日—一九六七年三月三一日)、総長理事長兼任(一九六七年四月一日—一九六八年二月一三日)があった。しかしこの段階では、林総長＝三位一体制の清算に力点がおかれ、法人教学分立＝二元型総長体制をめざすものではなかった。むしろ三元型を前提としておりながら、総長の学長兼任と、理事長兼任を状況に応じて使い分けた。その点自在的で、融通性はあるが、創立時代からの法人と教学とが未分化な性格は克服されていなかった。したがって問題によっては混乱が生じ、法人教学がともに無責任状態に追い込まれる。例えば升本総長理事長の下で、六七年から翌年にかけて学生らの学費値上反対運動がおこり、値上げを白紙撤回したのも、その例であろう。

(83)「中央大学学長に関する規則」第五条

(84) この間即ち九九年一〇月、〇二年一〇月にそれぞれ学長選挙が行われ、鈴木康司文学部教授、ついで角田邦重法学部教授が新学長に就任した。しかし総長は空席でありかつ、選考委員会もそれぞれ同じ時期に開催されているにもかかわらず、学長を新総長に選任しなかった。

(85) 要するにこの選考委員の数は、学長以下の教職員の委員と、それ以外の委員(理事会、評議員会等選出で法人役員か、学外の卒業生)は同数になるように設定している。教職員による直接選挙によらず、かような総長選考委員会の構成と権限による選考が行われていることは、法人教学分立の建て前からいって、総長自体の曖昧な存在理由を示すものにほかならず、延いては大学自治への否定的役割を果たしている。

(86) かつては学長は「総長の統理のもとに、中央大学の校務を掌り、所属職員を統督する」と規定されていた。(一九六二年一〇月改訂「基本規定」による)

(87) 非公選の総長(又は院長、以下断りのない場合は、総長で一括する)と、公選の学長との教学権をめぐる抵触問題について、他大学の例を参照してみよう。この場合は公選総長校(一元型)や、総長不設置及び総長＝学長校(二元型)は、教学首長は一本化しているので、抵触問題は起こり得ない。とすれば問題となるのは、理事長、総長、学長の三者による法人・教学分立制(三元型)の大学である。表Ⅲの1、同2の七大学(中央大学を除く)がこれに該当する。この七大学の内、同志社大学は総長、学長ともに公選であるから、教学権の抵触、侵害はありえず、青山学院大学、関西学院大学、専修大学の非公選総長・院長の教学権については、規定上の明記はない。東海大学、明治大学は、非公選総長は「教育」についてのみ、法人設置の学校の総括を認める。勿論総長が、研究をきりはなして、大学を含めた学校の「教育」面のみを総括するという体制は、整合性を欠いている。それは総長が教育、学長が研究を総括する役割分担となり、大学における研究教育の一貫性や自主性の現実に背反する。この二大学の総長の教育総括とは、学校法人設置の大学、高等学校、研究所等を総合する教育体系についての意見調整機能とみる方が、実態に即しているのではないか。以上の六大学において、それぞれの「寄付行為」の規定上では、教学権の抵触はない。Ⅲ表上で残る立教学院院長・立教大学総長の職務権限については、中央大学総長・学長の場合と同様に、教学権抵触の問題がある。この表以外の大学でも駒澤大学の例を追加できよう。なお立教大学については、『立教学院百二十五年史』、同『図録』（立教学院百二十五年史編纂委員会　二〇〇〇年三月）、及び同・資料集・第一―三巻、駒沢大学の場合は、『駒澤大学百二十年史』、『駒沢大学百二十年』（駒澤大学開校百二十年史編纂委員会　二〇〇三年三月）及び「同大学学長選考に関する規定」を参照。とりわけその名誉職化、クリスチャンコード乃至は聖職者・信徒条項による規制に注意を要する。

(88)　注(66)に同じ

(89)　「総長に関する検討委員会第五回記録」（一九八九年一一月二一日）

(90)　注(66)岩波報告参照。総長制の将来についての三つの選択肢の指摘があり、現実的な提案になっている。

(91)　世良正利「『第一次討議資料』における理念はなにであったか」（注(88)『中央大学のさらなる改革に向けて』その一所収）

補注一　二〇〇三年一一月、外間寛名誉教授が総長に選任された。すでにくり返し指摘したように、中央大学の総長制については、制度的歴史的に疑問があり、かつ当時の規定のもとでは全学的な合意が成立しているとはいえなかった。とりわけこの時の選考のきっかけは、法科大学院設置申請に関して、文部科学省から要請があり、その文書回答要求に対応して、総長空席状態を早急に打開するための措置、つまり緊急避難行動とされていた。したがって問題は先送りされる形になった。

補注二　二〇〇五年一一月に、外間総長と、角田邦重学長は任期切れで退任し、代わって選出された永井和之学長が、同時に総長に選考された。これは、一九九〇（平成二）年に「教学三条件」（七一頁）の枠の中で、高木学長総長が選出選考されたと同様であって、教学総長（大学の首長）公選（第二章第一節）に一歩近づいたといえよう。ただし総長公選への制度的保障は、現行「学校法人中央大学基本規定」には欠如しており、補注一にあげた問題点は、未解決である。なおこの永井学長総長の選出については、徳重昌志「雑感・総長選考を振り返って」（『中央大学教員組合新聞』三五一号　二〇〇六年三月二三日）があり、その選出過程と、その背景について紹介と批判を展開している。

［付表］　私立大学一六校の総長学長制度一覧表

Ⅰ表　法人教学一体制＝一元型……総長（塾長）の三職兼任＝いわゆる「三位一体」

大学及び設置法人名	制度上の位置づけ	制度（「寄付行為」）上の根拠
1　慶應義塾大学 学校法人 慶應義塾	法人 ／ 塾長 ＼ 教学 （塾長の理事長・学長兼任　いわゆる三位一体）	（塾長の地位、職務権限） 第7条　塾長は慶應義塾の理事長とし、慶應義塾大学学長を兼ねる。但し、塾長が学長を辞退したときは、別に大学に於いてこれを選任する。 2　塾長はこの規約並びに理事会及び評議員会決議に基づき、一切の塾務を総理し、且つ塾務全般につき慶應義塾を代表する。 （塾長の選任） 第8条　塾長は㈠評議員若干名、㈡大学学長及び各学部長、及び㈢その他の慶應義塾関係者の内から選ばれた者若干名からなる委員会に於いて選定された候補者につき、評議員会に於いてこれを選任する。 2　前項の委員会に関する細則は、理事会及び評議員会に於いて定める。（中略） 〈塾長候補者銓衡委員会規則〉 第2条　塾長を選任しようとするときは慶應義塾に塾長候補者銓衡委員会（以下委員会と略称）を設ける。 2　委員会は左に掲げる委員を以って構成する。 一　評議員会議長

		二　評議員会に於いて互選された者（中略）七名 三　嘗て塾長たりし者 四　大学学長、ただし現に塾長たる者は除く。 五　大学各学部長 六　大学以外の学校の校長のうちから互選された者　一名 七　部長以上の職員のうちから互選された者　一名 第4条　委員会は塾長の候補者一名を選定して、これを評議員会に推薦するものとする。
2　法政大学 学校法人 法政大学	法人 総長 教学 （総長の理事長・学長兼任　いわゆる三位一体）	（理事長の権限） 第11条　理事長は、この法人を統括し、この法人を代表する。 （理事長の就任及び退任） 第12条　理事長は、法政大学をもってこれにあてる。 2　法政大学総長（学長）は、別に定める規則により総長候補者一人を選出し、理事会がこれを選任する。 3　法政大学の総長の任期は、三年とする。ただし、連続三期まで再選されることができる。 〈学則〉 第6条　本学に総長を置く。 2　総長は、校務を掌り所属職員を統督する。 〈理事会が選定する総長候補者選挙規則〉 第1条　この規則は、学校法人法政大学寄付行為第12条第2項に定める法政大学総長

	3　早稲田大学 学校法人 早稲田大学
	法人 ／ 総長 ＼ 教学
（学長）（以下「総長」という）候補者選出のための選出方法について定める。 第3条　本規則の選挙人は、（中略）次の各号のいずれかに該当するものとする。 ㈠　大学の専任教授、助教授、専任講師（以下専任教員という） ㈡　法政大学助手規定に定める助手及び工学部実験助手規定に定める助手 ㈢　専任職員の部長（相当職及び待遇を含む） ㈣　専任職員（前号を除く） ㈤　中・高等学校の教員 ㈥　寄付行為第20条に定める評議員 2　（以下省略） 第11条　総長選挙における当選者は、有効投票の過半数を得た者とする。ただし次の各号に定める二つの要件をともに充たしていなければならない。 ㈠　投票総数に第17条（注）により計算した得票総数の過半数以上の得票を得ること。 ㈡　大学専任教員の投票において過半数以上の得票を得ること。 （注）　大学専任教員・専任職員の部長及び評議員についてはその一投票につき二得票、その他の選挙人については一投票につき一得票と規定される。	（総長制） 第6条　この法人に総長一人を置く。 （総長の職務） 第7条　総長は、この法人の理事長とし、かつ、この法人の設置する大学の学長とする。

（総長の理事長・学長兼任　いわゆる三位一体）


（総長の選挙）

第8条　総長は、別に定める総長選挙規則に従い、これを選挙する。

〈総長選挙規則〉

（選挙手続）

第3条　総長の選挙は、総長候補者推薦委員会による総長候補者の推薦、学生による信認投票および決定選挙人による決定選挙の三段階に編成して実施する。

（信認投票者の範囲）

第38条　学部または大学院に在籍する学生は、停学または休学中の学生を除き、前章の規定によって定まった総長候補者につき、本章の定める手続きにより信認するかどうかの投票をする。ただし、科目履修生、外国人特別研修生は除く。

（投票用紙の記入方法）

第45条　投票は、信認しない総長候補者に対して、投票用紙の記入する欄に×印を記入する方法によるものとし無記名とする。（省略）

（信認されない候補者の取り扱い）

第48条　信任投票の結果、信認しない投票が在籍学生数の半数に達した総長候補者があるときは、管理委員会はその総長候補者につき、決定選挙の候補者になるかどうかの確認をしなければならない。この場合の回答は書面によるものとし、管理委員会が確認を行った日から三日以内に回答がない場合、または回答を求めることができない場合は辞退した者として取り扱う。

（信任投票が妨害された場合の措置）

第50条　信任投票が妨害によって所定の期間内に実施することができないときは、管

		理委員会は投票期間を変更することなく、所定の手続きによって定まった総長候補者につき、決定選挙を実施する。ただし、所定の投票期間内に実施された投票があるときは、その投票によって信認または不信認の判定を行う。

Ⅱ表　法人教学分立制＝二元型……総長不設＝理事長・学長の二元型、又は理事長・総長　兼任学長の二元型

大学及び設置法人名	制度上の位置づけ	制度（「寄付行為」）上の根拠
4　亜細亜大学 学校法人 亜細亜学園	（会長） 法人—理事長 教学—学長	（会長・理事長） 第6条　理事のうち一人は、理事の互選により理事長となる。 2　前項のほか、理事の互選により会長を置くことができる。 3　会長は、この法人の重要な業務につき、理事長の要請に応じて意見を述べることができる。 （注、会長および理事長の職務権限については、寄付行為及び同施行細則に特段の規定はない。） （理事の代表権の制限） 第8条　会長・理事長及び常務理事以外の理事はすべてこの法人の業務についてこの法人を代表しない。 （理事の選任） 第11条　亜細亜大学長は、その在任中理事となる。 （第2項以下省略） （理事会）

	5　関西大学 学校法人 関西大学
	法人—理事長 教学—学長
第15条　（省略） 2　（省略） 3　理事会は、理事長が招集する。 4　理事会に議長を置き、理事長をもってあてる。 5　理事会は、定時に理事長が招集する。但し、理事長が必要と認めたときは、臨時に招集することができる。 6　（省略） 〈学則〉 第39条　本学に学長一名のほか、学部長及び教養部長を置く。 （第2項以下省略）	（理事長） 第8条　理事のうち一名を理事長とする。 2　理事長は理事の互選により、評議員会の同意を得るものとする。 （理事長の職務） 第11条　理事長はこの寄付行為に規定する職務を行い、この法人の事務を総括し、この法人の業務について、この法人を代表する。 （理事の代表権の制限） 第13条　理事長以外の理事はこの法人の業務について、この法人を代表しない。 （理事長職務の代理等） 第14条　理事長に事故あるときは、副理事長が、（中略）その職務を代行し、理事長が欠けたときは、理事の互選により、理事長の職務を行うもの一名を定める。

		〈学校法人関西大学職員の任免及び職務権限に関する規定〉 第2条 学長は、理事会が教授会の意見をきいて、これを任免する。 〈学則〉 第59条 本大学に学長及び学部長を置く。
6 上智大学 学校法人 上智学院	法人—理事長 教学—学長	(理事長) 第7条 理事のうち一人は、理事の互選により理事長となる。 第10条 理事長は、この法人の業務を総理し、この法人を代表する。 〈学則〉 第8条 本学に学長を置く。 2 学長は、本学を代表し、大学の校務全般を統括する。
7 日本大学 学校法人 日本大学	法人＼理事長 法人／総長＝学長 教学＼総長＝学長	(総長) 第6条 この法人に総長を置く。 2 総長は、この法人の設置する大学の学長となり、この法人の設置する学校の教学に関する事項を総理する。 3 (省略) 4 総長は、別に定める日本大学総長選挙規則によってこれを選任する。 5 総長の任期は、三年とし、再選を妨げない。ただし、通算三期を超えて総長に選任することはできない。 (理事長) 第8条 理事のうち一人は、理事の互選によって理事長となる。

	8　立命館大学 学校法人 立命館
	法人 理事長 総長＝学長
2　理事長は、この法人を代表し、法人の業務を総括する。 3　（省略） 第9条　理事の選任は、次の各号による。 一、総長 （以下省略） 〈総長選挙規則〉 第3条　総長は、総長候補者推薦委員会（以下委員会という）の推薦した候補者について選挙する。 第7条　（中略） 2　総長候補者は、本大学教授又はその経験を有する者のうちから推薦しなければならない。 第10条　総長の選挙は、次の資格を有する者が行う。 ①　教授・助教授・専任講師 ②　校長・副校長・教頭 ③　参事・参事補・技師・技師補 2　前項各号に掲げる者は、在職二年以上の専任者でなければならない。	（総長） 第6条　この法人の設置する学校その他一般教学に関する事項を総括するため総長を置く。 2　総長は、任期を四年とし、別に定める規程に従い、選挙により決める。 （理事長）

教学

第7条　理事の互選により、理事のうち一人を理事長とする。
第11条　理事長及び総長以外の理事は、すべてこの法人の業務について、この法人を代表しない。
第12条　理事長は、法令及びこの寄付行為に規定する職務を行い、その他この法人内部の事務を総括する。
〈同施行細則〉
第1条　総長は本法人の設置する各学校の教学を総括する。
第5条　（前略）
4　副総長は三人とし、一人は総長を補佐し主として教学に関する日常業務を執行するとともに、総長に事故あるとき、または総長がかけたときは、その職務を代行する。一人は総長を補佐し主としてびわこ・くさつキャンパスにおける教学に関する日常業務を執行する。一人は総長を補佐し立命館アジア太平洋大学の学長をつとめる。
〈同総長選挙規程〉

学校法人立命館は、日本国憲法および教育基本法にうたわれている平和と民主主義の理念に基づき教学を遂行する。総長は、立命館大学の学長を兼ねるとともに、学校法人立命館の理事であり、外に対しては教学に関して学園を代表し、内にあっては法人の設置する学校の教学に関する諸事項を統括する。

　総長がその職務を遂行するにあたっては、関係諸機関の意志に基づいて民主的になされことが、諸規定上明らかであり、既にその諸規定の運用においてもすでに確立された慣行となっている。

以上のような重要な地位にある総長を選ぶには、人格、学識、教育行政に関する識見と力量においてすぐれた者のなかから、全学的に民主的手続きによって選挙されなければならない。本規程はかかる目的を達成するために定めるものである。

第2条　（総長の適格）
第9条　（選挙管理委員会）
第14条　（候補者推薦委員会）
第23条　（選挙区および選挙人）　以上省略

Ⅲ表　法人教学分立制＝三元型……総長（又は院長）・理事長・学長の三役鼎立

大学及び設置法人名	制度上の位置づけ	制度（「寄付行為」）上の根拠
9　青山学院大学 学校法人 青山学院	法人―理事長 ／ 院長 ＼ 教学―学長	〈寄付行為〉 第2条　本法人は、教育基本法及び学校教育法に従い、大学、女子短期大学、高等学校、中学校、小学校及び幼稚園の教育事業を行うことを目的とする。 （理事） 第8条　理事は次の区分によって選別される。 (1)　青山学院長　一名 (2)　本法人の評議員である青山学院校友中より三名 (3)　本法人の評議員である本法人の教職員中より六名 （以下、九名分省略） 第12条　理事中一名をその互選により、理事長とする。

10　関西学院大学　学校法人	
法人―理事長　／	
	(2)　理事長は本法人を代表し、理事会の議長となり、評議員会を招集し、その他本寄付行為及び細則の定める職務を行う。 〈寄付行為細則　第二編〉 第1条　学校法人青山学院に院長一名をおき、その任期を四年とする。 第2条　院長の職務権限 (一)　青山学院全般を統理し、学校法人青山学院理事会に対し責任を負う。 (二)　外部に対し学院を代表する。（下略） 〈寄付行為細則　第三編〉 （院長選挙規程） 第1条　理事会は、寄付行為第2条第1項に記される目的を遂行する院長を選任するため、院長選考委員会を設ける。 第2条　院長選考委員会の構成は、評議員全員とする。 （大学長選挙規程） 第1条　大学長の選任は、大学長選挙総会において（中略）行い、院長はその結果を理事会に報告し、理事会はこれを協議決定する。 （中略） 第3条　選挙有資格者は次のとおりとする。 (イ)　本大学専任の教授、助教授、講師 (ロ)　(イ)項の選挙有資格者六学部平均の人数と同数の大学事務職員 （役員及び理事会） 第5条　この法人には次の役員を置く。

関西学院

院長
教学—学長

1　理事　二一名
2　監事　四名
第6条　理事は、次の各号に掲げる者とする。
1　関西学院長
2　関西学院大学長
3　関西学院高等部長、関西学院中学部長のなかから理事会が選任した者　一名
4　関西学院宗教総主事
5　評議員会で選挙された者　八名（省略）
6　学識経験者、関西学院同窓会員及びこの法人の教育に理解ある者のなかから、前各号により定まれる理事によって選任された者　七名
7　理事長が選任した者　二名
第7条　理事長は前条第1項第1、2、3、5号及び第6号の規定による理事の互選によって定める。
2　理事長はこの寄付行為に規定する職務を行い、この法人の事務を総括し、この法人を代表する。
（中略）
第8条　関西学院長は理事会の決議に基づき、この法人の設置する学校の一切の校務を総括する。
〈同寄付行為施行細則〉
第3条　院長はこの法人の設置する学校の一切の校務を総括するにあたり、寄付行為第3条に基づき教学と経営との調和発展を図るものとする。

11　専修大学
学校法人
専修大学

法人　理事長

〈学長選考規程〉

（学長選考の順序と機関）

第4条　学長の選考は、第一次選挙、除斥投票、及び第二次選挙の順によりこれを行う。

（除斥投票の方法）

第9条　学部学生及び大学院学生は、リスト掲載者（学長候補者リスト）について適任でないと認められる者があるときは、除斥の意思を無記名投票によって表明することができる。
2　リスト掲載者のうち、除斥票が前項の投票権の総数の過半数に達した者は、リストから除かれる。
〈学長辞任請求規定〉
第1章　総則
第1条　教職員並びに学生は、本規定に定めるところにより、学長の辞任を請求することができる。
第2条　教職員による学長辞任請求
（中略）
第3条　学生による学長辞任請求

（創立精神の護持）

第5条　この法人は、理事会の定めた各機関の総意に基づき総長を推戴することができる。

総長は、この法人統合の表徴であってこれによって創立の精神を護持する。

	12　中央大学 学校法人 中央大学
総長 教学―学長	法人＜理事長 総長（学長兼任も可） 教学―学長
（学長の選任） 第6条　学長は、理事会の定める「専修大学学長選任に関する規程」に基づき、理事会において選任する。 （役員） 第7条　（省略） 2　理事のうち一人を理事長として理事会において互選する。 （理事長の職務） 第15条　法令及びこの寄付行為に基づきこの法人を統括し、かつ、この法人を代表する。 〈学則〉 第40条　本大学に次の職員を置く。 学長　学長は、大学を代表し、校務を掌り、職員を統督する。 （以下省略）	（総長） 第4条　この法人に総長を置く。 2　総長は、この法人の設置する学校その他学術研究機関を総括統理する。 3　総長の任期は三年とする。ただし、任期満了の後においても後任の総長が就任するまでは、その職務を行う。 （総長の選任）（選考委員会の構成） 第5条　総長は選考委員会（中略）の選考した候補者について、理事会が選任する。 第6条　選考委員会は、次に掲げる者で組織する。

		一　学長・研究所長及び高等学校長 二　（以下三・四・五・六号委員省略） 第9条　総長の諮問機関として、教学審議会を置く。 （中略） 第10条　総長は、学校その他学術研究機関に関する規則の制定又は改廃並びに重要な学術研究機関の設置又は改廃について、教学審議会に諮問しなければならない。 （理事長） 第16条　理事長は、第12条第1項第3号の理事のうちから理事会が選任する。 2　前項の規定にかかわらず、総長たる理事を理事長に選任することができる。ただし、総長と学長とが兼ねる場合は、この限りでない。 第20条　理事長は、この法人の業務を統理し、この法人を代表する。 2　（省略） 3　理事長以外の理事は、この法人を代表しない。 第21条　理事長は理事会の承認を得て、第4条第2項に規定する事項について、総長たる理事に委任することができる。 〈中央大学学長に関する規則〉 第2条　学長は、中央大学の校務を掌り、所属職員を統督する。 第5条　（学長の被選挙資格　「中央大学専任教授」） 第7条　（選挙人の範囲・資格、省略）
13　東海大学 学校法人	理事長	（総長及び副総長） 第5条　この法人に総長を置く。

東海大学	法人―総長 教学―学長	2　総長は、建学の精神に則り、この法人の設置する学校の教育を総括する。 3　総長の職務を補佐するため、副総長一人を置くことができる。 （総長及び副総長の選任） 第6条　総長及び副総長は、理事会が評議員会の意見を聴いてこれを選任する。 （理事長） 第9条　理事のうち一人を理事長とし、理事会において選任する。 2　理事長は、この法人の業務を総括し、この法人を代表する。 （理事の選任） 第12条　理事となる者は、次に掲げる者とする。 一　総長の職にある者 二　この法人の大学学長の職にある者のうちから互選による者　一人又は二人 （三号以下省略） 4　理事長以外の理事は、この法人の業務についてこの法人を代表しない。 （第2項、第3項及び第5項省略）
14　同志社大学 学校法人 同志社	法人―理事長 法人―総長 総長―教学―学長	（総長） 第4条　前条の各学校の教学を統括するために、この法人に総長を置く。 2　総長は、評議員会の意見を徴して、理事会が選定する。 3　総長の任期は四年とする。 4　総長に事故があるとき、又は総長が欠けたときは、大学長がこれを代理し、又は代行する。 （理事長）

		第9条　理事長は、理事の互選をもって定め、第6条第2項本文の資格を備えなければならない。 2　前項の規定にかかわらず、理事長は、総長をもってこれに当てることができる。 （理事長の職務の代理及び代行） 第11条　理事長に事故があるとき、又は理事長が欠けたときは、理事会の議決によって理事の内からその代理者又は代行者を定める。
15　明治大学 学校法人 明治大学	法人＜理事長／総長 教学—学長	（総長の地位及び権限） 第5条　この法人に、総長を置く。 2　総長は、この法人の設置する学校の教育を総括する。 3　総長と、明治大学長（以下「学長」と称する）は兼ねることができる。 （選任） 第6条　総長は、評議員会において選任する。 （理事の定数及び選任） 第8条　この法人に理事十二人以内を置く。 2　総長並びに学長は、在職中理事となる。 3　（省略） 4　総長又は学長である理事が、評議員の資格を失ったときは、理事の資格を失う。 5　（省略） （理事長） 第10条　理事のうち一人を理事長とし、評議員会において選任する。 2　（省略）

3　理事長以外の理事は、この法人を代表しない。
〈寄付行為施行細則〉
第8条　学長の任命は、下の方法による。
一　理事長は、学部連合教授会に対し、期間を定めて学長候補者の銓衡を求める。
二　理事長は、学部連合教授会が銓衡した学長候補者を学長に任命するときは、評議員会の承認を得なければならない。
（以下省略）

追補
二〇〇五（平成一七）年四月一日　総長制を廃止した。

16　立教大学
学校法人　立教学院

法人／理事長
法人／院長
教学—総長＝学長

（理事長、常務理事）
第8条　この法人に理事長一名、常務理事若干名を置く。
第10条　理事長は、この法人を代表し、この法人の行う業務を総括する。
2　理事長は、理事の互選によってこれを選任する。
3、4　（省略）
（院長の選任）
第25条　院長は、理事会においてこれを選任する。
（院長の職務権限）
第26条　院長は、この法人の設置する学校及び研究機関の教育及び研究に関する事項を統括する。
2　院長は、立教大学総長を兼ねることができる。
（総長の選任）

第27条　立教大学総長の任命は、立教大学教職員の選挙に基づき、理事会においてこれを行う。

〈学則〉

第59条　総長は学長として本大学を統括し、これを代表する。

第四章　建学の精神と学風

――中央大学における「質実主義」エートス――

はじめに――総長、学長と学風

かつて大学、とくに私立大学では、そのユニバーシティ・アイデンティティ（UI）として、建学の精神や、学風を確認してその特色を明らかにしようという動向があった(1)。中央大学は、いうまでもなく創立の由緒と建学の理念を具え、伝統の学風を形成しながら、一二〇年の歴史を経てきた。ただ中央大学の特色乃至は学風として「質実剛健」だけが無前提にあげられるとなると、それは問題であろう。

その理由の第一は、建学の趣旨にそのような精神が謳われていたわけではなかったことであり、第二にたしかに中央大学の気風とすることができたとしても、それは創立以来の歴史過程の産物であり、それ故これを軽視することはできないが、同時にある時期にそれが標語化されて、その内実の意味が変えられている、という事実を直視すべきである。以上の二点に加えて第三には前記のごとくUIを打ち出して、中央大学の特色とするためには、あまりにも前世紀的、非歴史的に過ぎよう。

世相に阿らず、流行を追わずという点で、「質実剛健」は超時代的であり、一見アカデミック・フリーダムの体裁をとるが、そのことがかえって時の国家権力に逆用される危険をはらんでいる。後に述べるように、戦前では国策に自主的に便乗して、質実剛健を唱えて、特定の思想や活動を排除しようとし、あるいは学風の中核にすえて、大学運営と教職員・学生に対する管理に利用することもあったことを忘れてはならない。

建学の精神と学風については、いずれの大学でも多少の論議のわかれるところである。(2) 学風については『日本国語大辞典』によると「学問を研究するうえでの好尚、態度、傾向。又、学校の気風、校風」とされる。(3) つまり学問研究の態度と、社会的風俗的な意味の校風、気風という二面に分けて説明されている。本稿では建学の精神と学風を、「建学の精神又は趣旨に基づいて育てられ、受け継がれた研究教育上の気風」と規定するとともに、それをエートスethos即ち個別大学の「集団の歴史的特質を示す気質」とし、両者を歴史的に関連づけておきたい。本章では、創立以後校長、院長、学長、総長など、教学の首長の時代別に、以上の問題をとり上げ、かつ総長、学長と学風形成との関わりに焦点を当てる。そのためにおよそ四期に区分し、その歴史過程をたどりながら主題に迫っていきたい。(4)

第一節　創業期明治時代　増島六一郎校長と菊池武夫学長時代
（一八八五―一九一二年）

この創業期とは英吉利法律学校から東京法学院時代（一八八五―一九〇三年）を経て、社団法人東京法学院大学時代（一九一二年）の頃であり、初代校長院長増島六一郎と二代院長学長菊池武夫の時代、ほぼ明治時代にあたる。

中央大学の学風としてあげられるのは、前記のように一般に「質実剛健」といわれている。しからば創立に当たって掲げられた建学の趣旨に、それがどのように示されているだろうか。建学の趣旨とは、英米法全科の教授、整頓したる法律書庫及び日本語による英語法書の講読の三点をふまえ、その実地応用によって慣行法的な英法を体得すること、[5]及びその目的実現にあたっては「余輩ハ、毫モ官府ノ法律規則等ノ牽制ヲ受ケサル一種特別ノ法律学校ヲ設テ、超然独歩シテ為ス所アラン」[6]（傍点筆者）とし、または「私設独立の法律学校にして（中略）法律を研究せしむ」[7]るとした。

　これは朝野新聞及び郵便報知新聞に掲載された「英吉利法律学校設置広告」の要約及び、開校式の校長増島六一郎の設立趣旨挨拶の一部である。これまで前段の設立目的については広く知られているが、後段の増島の研究教育上「官府」からの独立を強調した演説は殆ど無視されていた。[8]

　そこには観念より実務実証を重んずる点や、国家権力からの超然独歩、私設独立の気風に学風らしさをみることができよう。しかし既に指摘されているように、[9]なお全体の文脈の中にも「質実剛健」が明示されているわけではない。むしろ上記の創業期の英米法の実務応用重視、超然独立の気風と、とりわけ創業期の応急的な簡素な校舎（いわゆる「装飾なき学校」）[10]における授業風景が強く印象づけられており、これらを含めて英吉利法律学校の校風は何かといえば、「質実」さということになろう。

　これを今仮に「質実主義」と呼ぶ。即ち後の質実剛健の原型ともいうべきであるが、その内容は、一、実務実証を重んずる。二、超然独立。三、装飾なき学校である。まずその「質実主義」が形成される歴史過程を探ってみよう。[11]

1　増島校長院長時代（一八八五―一九一一年）

　増島校長以下、創業時代の学校運営を概括すれば経営・教学は未分離一体化しており、校長（後には院長または学長）が両者を統括していた。[12]校長は互選であった。

　校長の職務は「校務ヲ総理ス」と規定されており、別の史料には「校中ノ事務ヲ総管シ、会計ヲ監督シ、本校ノ隆盛ヲ期スルヲ以テ校長ノ責任トス」とされた。校長のほかに幹事があり、その下に会計掛、教務掛、講義録掛、編集掛、図書掛、校丁がおかれた。大学運営上の重要案件については、校長だけではなく、その創立者の多くが維持員となって協議に加わった。例えば創立の翌年一一月に、彼らによって臨時会が開かれたが、校長増島や幹事渡辺安積の外、設立者の菊池武夫、岡山謙吉、土方寧らを含む六人が出席している。その議題は、幹事の俸給、帝国大学特別監督条規、土方講師の給与、職員の採用・俸給、寄宿舎の新築の件であった。これをみる限りこの維持員の会は、今日の大学運営上でいえば、理事会、乃至は評議員会ということになろう。

一方一般の日常業務は、校長と幹事の裁量で処理された。校長と幹事は、その下の職員を指揮して、経営と教育業務さらには研究補助の仕事も行っていたといってよい。とりわけ幹事の初代渋谷慥爾、二代渡辺安積、三代山田喜之助をはじめ、奥田義人、藤田隆三郎、土方寧と続くこの時期の歴代幹事は、いずれも創設者のメンバーであったばかりでなく、幹事役をつとめるとともに、講師として教壇に立っていた。

一八九一（明治二四）年に増島が辞任し、その推薦で菊池武夫が院長となった。増島の突然の辞任の理由は、必ずしも明らかでない。(13) しかし辞任前後の事情をみると、国家政策としての法学教育の転換と関わりのあることは、否定できない。創立当初から増島は、原書による英語の法学教育を念願とし、翌年には邦語科と並んで原書科を設置した。しかし、三年後の八八年には私立学校特別監督条規による帝国大学総長の監督、及び帝国憲法発布に基づく国内法整備と、法学教育の国内法中心への転換が、英吉利法律学校の学科編成や、教科目配置に影響を与えた。八九年に「東京法学院」に校名を改めたのも、学生に主として国内法を学習させるため、「外国法ノ研究ハ自ツカラ之ヲ第二位ニ置カサルヘカラス、従テ英法専攻ノ意ヲ表示スル校名ハ修学ノ実ニ伴ハサルニ至」ったからだとし、英語法学科（原書科）を国内法研究に対して、二次的に位置づけざるをえなくなった。(14) 英語法学科はその後数年にして廃止される。

増島の後年の回顧によれば「英法の精神とその勢力大なるを知らず、（中略）平凡なる法科大学たる中央大学として、文部省のきはんに服する学校になり果て」たと批判した。(15) 増島が創立時に強調した建学の趣旨、とりわけ英原書による英語の法学教育を育てることができなかった事実と、それが同時に私立法律学校として「官府」からの独立性を貫けなかった結果を示している。いずれにせよ増島の在任時代に早くも質実主義の学風のうち、超然独立性は後退し、質実主義は新しい展開を示した。

2　菊池院長学長時代（一八九一―一九一二年）

増島の後を継いで足掛け二二年間にわたって院長、学長を務めたのは菊池武夫である。菊池は勿論創立者一八人の一人であるが、中央大学の歴史の中で、最も学長歴は長く、したがって大学経営と教学の両面にわたって大きな影響力をもった。以下に述べるように、それは「質実主義」の全学的発展であり、そのエートス化であろう。

この時期の東京法学院と、それについで東京法学院大学を支えたのは、この菊池の指導力と、創立者たち（幹事、講師、維持員・社員）及び卒業生たちの校友の活動であった。

まず教学面でみると、増島退陣後、東京法学院から社団法人中央大学時代の教学体制の改革は、法学科を中心としてめざましかった。(16) 九二年の高度な専門性をめざす法律研究機関として「研究科」を設けることをはじめ、育英制度の拡大、在外生制度（通信教育生制度）の充実、さらに九四年から始まった「訴訟実習会」と模擬裁判、あるいは「法律討論会などの頻繁な開催は、法学教育の新機軸といってよかった。その特徴は、建学の趣旨に謳われた法律の実務実習、実地応用の実際化であった。当時ほかの私立法律学校では、八九、九〇年をピークに生徒数を減らしていくが、これらの改革とその社会的評価に支えられて、東京法学院では入学志願者も年々ふえてゆき、他校の数倍の生徒数を擁していたという。[17]

皮肉なことに増島の退任以後に、学校は隆盛になったということになろう。しかし、増島の初志は一部こそ実現が遠のいたが、建学の趣旨は彼の推薦した新院長菊池によって確実に受け継がれた。それは前述の教学の改革面にもみられるが、その経営面にも展開されている。

東京法学院が社団法人東京法学院大学に改組された時、前院長と幹事二人が理事に選ばれ、その互選で菊池が初代学長に就任したが、ほかの教員はすべて「講師」であった。彼らには「校費」という名目で給与は支払われているが、講師の中核は穂積陳重等の創立者、あるいは社員であった。その内の法科大学教授の兼担者の場合は、ほとんどが無給とされた。[18] このような無償の学生指導は「創業早々のほんの一ときを保留すれば、神話でしかない」と極論する向きもある。[19] しかしこの講師無給神話は、創業期の大学運営と、それをめぐって醸成されてきた学風の問題にかかわってくるので、以下で少し検討しておく必要があろう。

院長であり学長でもあった菊池も、建て前は無給とされながら、その金銭出納帳によれば、「歳暮」、「報酬」、「講義料」などを不定期的だが受け取っていた。[20] 当時の菊池の年間実収入は、約一五〇〇〇円であり、その収入源の八〇％は、弁護士報酬、不在地主としての小作料収入および貴族院議員歳費であった。これに対して法学院からの不定期的な収入は、年間を平均して五〇円前後であり、全収入の〇・四％にも満たなかった。その他の兼任講師等も、その殆どは、法科大学出の法学士であり、かつ本職は教授、助教授、弁護士（代言人）、貴衆両院の議員などの、いわば官、政、学、法曹界等のエリート達であった。[21]

とすれば彼らの殆どは、かりに講師報酬を受けていたとしても、菊池学長同様その額は、とるに足りないものであったと推測できよう。このような情況を背景にしていわゆる「講師無給神話」が、語られるに至ったと思われる。おそらく共同の創立者且つ社団法人中央大学の社員であり、一方では学長、幹事、さらには兼任講師であった彼らは、経営と教学の一体化の鎹となっていたとみることができる。

さらに敷衍すれば、「温厚で忍耐強い」とその伝記『菊池先生伝』[22]に評された菊池武夫の言動人柄は、かかる創設期「神話」と相まって、彼の献身的仲間意識は、東京法学院大学の気風に定着しつつあったと思われる。

例えば菊池学長が、授業担当依頼の教員招待会の席上、彼らから出された給料値上げ要求に対し、「自分達も斯様に献身的の仕事をして居るので御座いますから、皆様にも今暫く御辛抱が願いたい。もしそれでも御承諾が得られませんでしたら、御断りなされても、私は強いて御引止めは致しません。御不満の方はどうぞ御遠慮なくお辞め下さい」と述べた、と『菊池先生伝』に伝えられている。大学の未来に期待する故に、嘱望する若い講師達に対して「献身的な仕事と、「今暫く」の「御辛抱」を強く要請した。この菊池の姿勢は、そのまま教師を通して学生にも訴えようとする教訓であったように思われる。卒業式に際して学生におくった学長祝辞に「清貧であれ」、「質素であれ」の教えが目立つというのも、当世の風潮に対する批判も含まれていようが、温厚・忍耐心・清貧質素という菊池自身の処世訓の反映であろう。修業中の学生の立場でいえば、それは「質実主義」の気風に通ずるものであろう。それに期待してやまなかったのは、共同の創立者であるとともに講師であったり、幹事や社員・維持員などとして大学経営に当たり、あるいはそれをサポートした校友たちであった[23]。

このようにみてくると、この創業期の増島・菊池時代には、中央大学に次のような「学風」らしいもの即ち、質実主義エートスが形作られてきたといってよいのではなかろうか。

第一には創立以来の相次ぐ教学改革によって、英吉利法学の実務実習重視の特徴が、訴訟実習会、法律討論会などの実際化の中に生かされ、気風化してきた。

第二に学長以下の教学スタッフの、無給神話にみられる献身的な仲間意識すなわち「コンパニオンシップ」（companionship）と清貧質素の気風が、学生たちの中に再生される条件を生み出した。

第三にこの時期即ち菊池学長時代の校舎は、外観よりは実利を重んずるいわゆる「装飾なき好学校」ともいわれた通り、簡素な建物であったから、文字通り「質実」の校舎であった。

第四に以上のような諸要素が複合化した気風が「質実主義エートス」であり、少なくとも増島以来の大学の経営と教学の一体化運営に、適応した情況を示していたというべきであろう。

ただここで注意すべきは、かつての本業をもった創立者たち兼任講師と異なり、給与引き上げを問題とせざるをえない専業的な教員が増加していることである。したがってこの分化し始めた大学の経営と教学を、なお一体化して支えたものが質実主義エートスであったことは事実であるが、同時にその清貧質素主義若しくは精神主義には、一定の限界のあることを示しているのではあるまいか。

第二節　発展期大正時代　奥田義人学長と岡野敬次郎学長時代

（一九一二―二五年）

発展期というのは、この大正年間のほぼ半ば一九一九（大正八）年に、社団法人から大学令による財団法人中央大学（旧制大学一九四九年まで）に昇格したことに着目している。この昇格の意義は大きいが、何よりもその経営基盤は拡大し、私立大学の社会的役割の公共性と重要性が、これまでの国立大学同様に認識され、期待されることになった。このような私立大学をめぐる状況の変化が、如何に学風に影響を与え、或いは大学がそれにどのように対応したかが問題である。

学長は菊池の後を継いだ奥田義人（一九一二―一七年）と次の岡野敬次郎（一九一七―二五年）である。[24] 奥田は菊池と同じ創立者の一人であるが、一八人の創立者の内、菊池が最年長で、最年少の奥田とは六歳の差があった。彼が創業期の苦労をともにしながら、院長学長時代の菊池によく私淑していたといわれている。[25]

奥田と当時の学風については、次の二点を指摘しておく。その一つは奥田の大学自治に対する姿勢であり、二つには彼の学長として最初の卒業式訓辞（一九一四年七月）にみられた質実主義エートスの新しい展開についてである。

前者については一九一四年の京都帝国大学の澤柳事件に対する「奥田裁定」（同年一月）で、教授の人事に関して教授会の自治をほぼ全面的に認めたことである。その経緯については省くが、[26] 当時の文部大臣奥田のこの裁定は、大学の自治を国家権力が、慣行としてではあれ容認したことであり、まさに画期的といわねばなるまい。それが奥田の学長に再任される直前のことであった点と、この裁定を契機にして確保されるようになったいわゆる「大学の自治」も、わずか二〇年たらずの一九三三（昭和八）年滝川事件によって否定されたこと、及び同事件の発端となったのは、中央大学法学会主催の刑法学講演会における滝川幸辰氏の講演であることはまことに皮肉な因縁である。[27]

後者の奥田の訓辞は、「質実剛健の校風」を唱えた学長訓話の嚆矢とされ、現在に至るまでこれを先蹤としている。しかしこの訓辞を読めば明らかなように、その主旨は「創立当時宣明したる教育上大体の主義方針」について「即ち堅実にして人格の高い人を養成する」ことであり、職人的な専門家を養成することではないと断じた上で、加えて渡辺崋山と江川太郎左衛門との交流を例にあげて、逆境にあっても「堅忍不抜の精神」をもって、これを克服することをさらに強調したものである。[28]

以上のような内容の訓話に表題の「質実剛健の校風」を付したのは、この訓話の掲載誌「法学新報」の当時の編集者天野徳也である。しかしこの訓辞の中には片言隻句にも質実剛健の文字はない。そのことは後に天野自ら認めているのであるが[29]、問題は、奥田が創立以来の教育方針として示した堅実主義以下のエートスを、天野らの後輩たちが何故「質実剛健の校風」としてうけとったか、である。

それは建学の精神＝創立以来の教育方針の堅実主義エートスを、校舎や設備の歴史（「本大学形体上の変遷」）に関係づけて説明した箇所の理解に関わっている。要約すれば次の通りである。

創立当時の校舎は「大名の壊れ家の様」な「不完全」なものであり、「無理を致してまで外観の美を飾るに及ばぬ。実用に足ればよろしい」という堅実主義であった。それが二〇周年、二五周年を経て卒業生たちの好意により、「現在の美観を呈する」二階建ての校舎や「広大美麗なる講堂」を寄付せられて、かつての実用的堅実主義（つまり「質実主義エートス）をこえて「外形上のことにも又堅実主義が実現している」と述べた。

この訓辞の部分のキイワードは、堅実主義である。本稿の言葉でいえば堅実主義エートスであり、増島、菊池時代の「質実主義エートス」を敷衍化したものといってもよい。ただし奥田のいう堅実主義とは、飾り気のない実用主義の堅実さ（＝「質実」そのもの）とともに、外形上美観を呈する（校舎、設備の整った）堅実さも含んだ意味である。つまり飾り気のある（校舎の）堅実主義というのは、いささか苦しいレトリックといわざるをえないが、それは奥田が菊池の質実主義エートスを受け継ぎながら、「広大美麗なる講堂」で訓辞を行っているという状況に対応した苦肉の表現であろう。

奥田が訴えたかったのは、創立期に「無装飾の学校」といわれた校舎で育てられた堅実主義は、質実（飾り気のない真面目さ）そのものであったが、四年前創立二五周年記念増築が終わって、一段と校舎も設備も充実したこの段階では、飾り気があっても、なくても、そういう環境の変化に左右されないで実質を追求する堅実さ、堅忍不抜の精神こそ一層必要である、ということではなかったろうか。渡辺崋山の堅忍不抜の精神と、「世直江川大明神」のエピソードを、ことさらに付け加えてこれを強調したのは、そのためであると思う。とすれば奥田はこれまでの「質実主義エートス」を、「堅実主義エートス」の中に包摂してより一層普遍的な学風にしたかったのであろうが、苦肉のレトリックであるだけに、その部分が口頭禅化し、単なる精神論に転化する余地も生じた。

とすれば天野がこの「堅実主義エートス」に、『質実剛健』なる標語を冠したため、一面では堅実主義エートスの意義とりわけコンパニオンシップの気風を、伝えきれない憾みがあった。のみならず却って、この堅実主義エートスを『質実剛健』という儒教道徳的標語の一般的な意味の中に拡散してしまい、逆に一般化された意味の質実剛健が独り歩きし、精神論化する危険を生むことになった。

岡野敬次郎が学長となったのは一九一七(大正六)年であるが、増島、菊池、奥田と続いたこれまでの創立者の学長に代わって、岡野が創立者以外の関係者で学長となった最初である。創立後三三年目であり、世代交代の時期に至ったといってよい。

奥田から岡野へ、学風をどのように受け継いだか。学長就任直前に、失火によってかの「広大美麗なる講堂」を含む殆どの校舎を焼失し、翌年一〇月再築したばかりの校舎で、岡野は初めての卒業式訓辞を行った。その中で学風について次のように述べた[30]。

「本学の学風(中略)創立以来三十有余年未だ曽て」変わったことがなく、「則ち真摯剛健、時流を追わず、浮華を学ばず、唯内容を積み、実質を充さしむる」ことにあり、それ故に「諸般に設備も自から之に準じ」て、「校舎には装飾なく、百般の器具に於いて又装飾なく(中略)此の新築校舎」も「質朴簡素、毫も人目を惹くに足るべき美観」はない。それは三〇年前の第一回卒業式でも、来賓の英吉利公使から「無装飾の好学校」といわれた素朴な校舎と同じである。「三十年前然り、今日亦然り、今後固より応に然らざるべからず」とした。

ここで岡野のいう学風は、創立期以来菊池に至る学風「質実主義エートス」の復活であり、再認識のことである。ただ校舎の無装飾性だけに規定された『質実剛健』（岡野のいう「真摯剛健」）を強調すると、質実主義エートス（奥田のいう堅実主義）のもつ環境にとらわれない実質追求の自由を、自ら閉ざすことになろう。例えばこの三年後の始業式の訓辞には、質実剛健をこれまでの訓辞同様に「中央大学創立以来の方針」とし、他方では「軽佻浮薄者流の言説」として、民主主義、社会主義、共産主義或いは無政府主義を名指して非難している。質実剛健の標語化に伴って、質実主義エートスから離れた、その独り歩きが始まったかのように見えよう。(31)

岡野学長が一方で引き継いだのは、その就任の翌年に起こった大学昇格問題であった。この問題は、復活した質実主義（「真摯剛健」）に波紋を投げている。

これまでの専門学校令による私立大学から、この時の大学令による私立大学への昇格は、国立の大学並の実質的格上げである。それを早くから熱望していたが、その最大の問題は、財政問題であった。

新しい財団法人中央大学の設立をめざして、旧社団法人の役員、教職員を始めとして、旧社員・維持員及び卒業生諸団体は、一丸となって基金募集の活動を開始した。開始後一年たらず（一九一九年三月―一〇年二月）のうちに、その応募申し込み金額は七三万円有余に達し、規定された額をこえて無事財団法人中央大学は発足した。(32)この間の募金活動を中心とした新しい大学開設運動の中で、次のような同窓而立会の建議には目を引かれる。

「今や大学令公布せられて吾邦教育界の空気は茲に一新せり、（中略）吾人は切に望む、此際母校の当局か天下に率先して遠く文運の趨く所を察し近く新令の要むる所を酌み、速に最善の設備を整へ吾黌をして大学の模範たらしめんことを、（中略）期す、（中略）惟ふに母校創立以来三十有余年其の養ひ来れる剛健質実の校風か産む所の実力は、今日即ち一時に発揮せらるべく此力を以て此事に当る、天下是よりも為し易きこと之なからん、（中略）上叙の趣旨に則り吾人は左の事項を建議するものなり　一、第一着手として速に母校の組織を変更して財団法人と為すこと但し理事の数は時勢の進展に鑑み従来よりも増加すること　一、学員其他より此際更に基金の臨時大募集を断行すること

大正七年十二月十四日

（傍点は著者　以下同じ）[33]」

ここに示されているのは、新しい大学令に基づく財団法人化促進と、そのための基金大募集の緊急要請である。文中に「剛健質実の校風が産む所の実力」云々とあるのは、これまでの外見に左右されない質実主義の成果、即ち学問的な実績と社会的貢献を指し、財団基金募集によって大学昇格を実現することで、内実外見ともに一層の充実を計ろうとする呼びかけである。

その背景には卒業生たちの母校愛はもとより、それを超えた創業期の気風を感じさせる。それは「質実主義エートス」とりわけ、コンパニオンシップの発動といった方がふさわしい。その担い手はこの同窓而立会をはじめ、中央大学学員、同学士会、実業同窓会、同窓記者会などの卒業生の諸団体である。これに対し大学執行部とくに岡野学長は、慎重主義のせいか、外見よりは実質をという岡野流「質実剛健」主義にこだわりすぎるためか、いずれにせよこの運動に立ち後れ、一時的に事態の混乱を招いていた。[34]同じ質実剛健の気風でも、岡野流の消極性と、同窓而立会の建議のそれに見る積極性とでは、この問題に関する限り正反対であった。実体を離れて標語化した質実剛健は、岡野流の

ように外見軽視と、慎重論に傾いて空洞化し、他方質実主義エートスからコンパニオンシップを引き出した卒業生たちのそれは、大学令という制度的な枠（外見）とともに大学昇格（財団法人中央大学という実質）を勝ち取ったというべきであろう。

この大学に昇格し、財団法人となったことで、その経営と教学の分化はその制度も、実態も進んだ。学長はこの両者の自立性とバランスの上に立って大学を運営することになり、その指導力を問われるとともに、カリスマ性を発揮しやすい立場におかれることになった。

一方、内外の情勢は厳しい試練を、私立大学側に課した。その最初は二〇世紀初頭の日本の大陸侵略を契機とした国家的昂揚期において、およそ二つの時流にさらされたことである。日露戦争から第一次世界大戦後に至る間は、相次ぐ戦勝気分と好景気の波によって、一方で軽佻浮薄の風潮が流行し、他方では大衆的な政治意識の昂揚がみられた。とりわけ後者は社会主義や労働運動の発展を背景に、いわゆる大正デモクラシー思想と運動に拡大した。政府は周知のように「戊申詔書」（一九〇八年）と、「国民精神作興に関する詔書」（一九二三年）をつぎつぎに下して、この二つの時流に歯止めをかけようとした。即ち「国家興隆」の基礎は「国民精神ノ剛健」にあり、「華ヲ去リ、実ニ就」くべしと説いた。岡野学長によって標語化した「質実剛健」の学風は、はからずもこのような国家的要請に応える結果となった。[35] 一方民衆的な基礎をもった当時のデモクラシー運動の中では、この学風はその反対の極におかれた。昇格運動で盛り上がったコンパニオンシップも、その原点の質実主義エートスも、しばらくは忘れさられようとした。

第三節　太平洋戦争期昭和時代前期　原嘉道学長と林頼三郎学長時代（一九三〇―四七年）

『中央大学五十年史』編纂の頃といえば、一九三五年前後で学長原嘉道の時代であるが、当時そのために資料収集に当たっていた大久保次夫氏の苦心談は、その頃の大学の学風の一面を強く印象づけるものである。[36]どの私学でも、創立以来の大学史の資料の保存には、苦労しているようであるが、中央大学もその例外ではなかった。そういう中で、大久保氏は先輩の話しをきくことに、一つの活路を見出し、多くの方々に手紙を出して、その返書による情報収集を行っていた。[37]その結果は必ずしもよいとはいえなかった。ただそのやりとりの中で、異様に思われたことがある。それは早稲田大学の高田早苗氏から、創立当初の事情について親切な返事があったことを話されたあと、大久保氏は次のように述べられた点である。

「増島六一郎先生（創立者の一人）は、中央大学のことなんか僕は全然知らん、関係がないということで、先生からは何のお話も承ることが出来ませんでした。（中略）それから長谷川如是閑さん（明治三一年東京法学院卒）も同様だったんです。（中略）中央大学なんかもう俺の知ったこっちゃないというふうなことなんです。あとでわかったことですが、終戦後になって増島先生を学校がお呼びしたわけで、それまではほとんど連絡がなかったようです。如是閑さん、杉山楚人冠さん（中略）も同様で、つまり法律とあまり縁のない仕事をされた方は学校に寄りつかなかったというよりも、寄せつけなかったんじゃなかったかと思われるふしがあるんです。」

これは座談会記録の一部であるから、その扱いを考慮しなければならないが、増島、長谷川の両氏が五十年史編纂前後（昭和一〇年、一九三五年前後）では、大学から疎外されていたようにみえる。というより両氏は、自ら中央大学に対して距離をおき、少なくとも大学史とは関係を持ちたくないと考えていたとみるのが自然であろう。

一般的にはこの時期に、中央大学に対して両氏のような考えや、立場に立った大学関係者が、他にも少なくなかったと思われるが、それはともかく、「寄りつかず、寄せ付けず」という両者の不幸な関係は、戦後には解消したとみられる。大久保氏も指摘しているように、戦後には、増島氏は大学に招かれているし、一方長谷川氏も又大学理事会顧問になっているからである。問題は、両氏が何故この時期に中央大学や、とりわけ大学史に関わることを拒絶したのか、である。

周知のようにこの時期とは、昭和初年から同二〇年の敗戦までの十五年戦争（広義の太平洋戦争）の時期であり、大学も国公私立を問わず、強力な国家の戦時統制が行われていた。中央大学も例外ではなかった。大学の運営管理の自治と、研究教育の自由が如何にゆがめられていったか、について詳しくは他に譲り(38)、本稿の主題に焦点をあてると、次の問題点が浮かびあがってくる。

第一はこの戦時下ではいずれの大学でも、自主的な国策遵守体制をとったが、それぞれの大学によって、国家統制への対応のしかたに差がみられたようである。その違いからそれぞれの学校の学風の特徴を知ることができよう。一例を挙げて検討する。一九三四(昭和九)年警視庁より「校外における学生・生徒の風紀取締に関し通知の件」があった。その内容は、近頃学生生徒が特殊飲食店（カフェーバー、喫茶店など）、舞踏場（ダンスホール）に出入りすることが極めて多く、国家風教上黙過できないので、警視庁が業者を取り締まって、学生生徒の出入り禁止命令を出す。しかし本来は学校当局の監督指導の問題につき、この取り締まりを学校側で徹底してほしいが、その点について意見をききたい、というものであった(39)。これに対して東京府下の六二の大学高等専門学校が、その回答を寄せている。そ

の回答内容は様々だが、警察の方針に対して、次のような三類型があったとされる。(40)

一、取り締り批判型。例えば「制裁干渉取り締りをせず、直接監督の任にある者に対して注意を与え、反省を待つといった程度を希望」(日本ルーテル神学専門学校)とか、「まずもって学校において指導を厳密にし、自反自警せしめ、粛正の実をあげたい」(第一高等学校)など。きわめて少数。

二、妥協型。「貴官においては営業者を取り締り、学校において指導監督両者協力徹底を期したい」(成蹊高等学校)警察と学校の両者が協力して、取り締りと指導を行う、とするか、若しくは取り締りは必要だが、教育的配慮が重要といった回答が最も多い。

三、積極賛成型。「徹底的」若しくは「積極的」に取り締りを望むと要約できる程度の回答で、学校側の教育指導のありかたとの関係にはふれない。数は少ない(拓殖大学、日本歯科医専ほか)。中央大学もこの中にはいる。ただし二の妥協型とは実際には判別しがたい。なぜなら警察の取り締りに、学校側が警察に全面的に依存して、教育的配慮をしないとは考えられないからである。

以上にみられることは、警察権力に対する、各学校の距離のおきかたの微妙な差のあったことである。この後戦争が拡大化して、国家総動員の国家権力のもとで、かような差すら失われるが、この段階では各校の学風の特色が、自ずから示されているように思われる。

第二にこの時期に中央大学ではその運営の頂点に立ち、学風昂揚をリードしたのは、原嘉道ならびに林頼三郎の二人の学長であり、いずれも第一の動向即ち国策遵守に自主的積極的であった。

原学長の場合は、前記の警視庁の要請に対して中央大学学長名で、次のように回答している。つまり積極賛成型である。「本学に於ては固と其創立の当初より質実剛健を標榜して立ち終始其主義貫徹に努め時風に雷同阿附することなく相警め居候」とし、この件については「厳重に且つ徹底的に御取締の方法御考究願上候」と述べた上で、その徹底的に取り締る具体例として、「例へば学生の制服制帽を着せざる者等については充分御研究の上法網より漏れざる様御実施の程只管希上候斯くして学校側と貴庁側」が「両々相呼応して其弊を匡正する」ことはいうまでもない、といっている。(41)

これまで明らかにしてきたように創立以来形成してきた学風とは、実質主義エートスであり、奥田学長流にいえば「堅実主義」である。これを質実剛健といい替えた天野のレトリックをうけて、これを創立当初まで遡らせたのは、原学長の作為的な二重の誤解である。とすれば原のこの回答は、本来的な学風質実主義エートスのうち、実習実証気風やコンパニオンシップを置き去りにして、質実面だけを強調する当時の国家政策に意識的に同調したとしか考えられない。(42)

即ち「時風に雷同阿附することな」いが、国策に同調した結果が、歴史的本来的な校風の極めて巧妙なおき替えとなった。このおき替えられた「質実剛健」は、次の林学長に引き継がれていく。戦後総長時代の学風と併せて後述するが、ここではそれが原時代の延長線上にあったことを指摘しておくに止める。

第三に創立期の建学の精神や、それに基づいた伝統的な学風を育てたり、それに期待する増島のような創立者や、長谷川のような卒業生がおり、当時の学生を含めて以上のような国家や大学の動向に反対、又は批判的な意見を持っていたことである。たとえそれが少数であったとしても極めて注目すべきである。

この時期に起こった滝川事件に対する中央大学当局とその関係者、とりわけ卒業生や、学生の動向について検討しよう。周知のように事件は一九三二(昭和七)年、中央大学（学長原嘉道）法学会（会長林頼三郎）主催の刑法学講演会の滝川幸辰京大教授の講演をきっかけとして、その学説の穏当性について文部省（鳩山一郎文相）との争いとなった。

結局滝川の進退問題となり、かつての澤柳事件以来の大学の自治や学問思想の自由に関する画期的な問題に発展した。(43)

問題はこの事件の発端の場となった中央大学当事者としての学長（原、この時枢密院顧問官兼任）と法学部長で法学会会長（林、この時検事総長）、および関係する学内外の卒業生、学生等はどのような動向を示したであろうか。ここでは学風の有り様が問題である。原、林の二人については、状況証拠によって文部省側に立って積極的に関与したという説(44)もあるが、直接的な資料はない。といっても二人がこの問題について、何の関心も持たなかったとか、成り行き任せで傍観者の立場であったということではなかろう。学長たちが、この問題に関しては、表だった言動で大学の態度を示さず、かりに状況証拠による事実があったとしても、それが中央大学の学風であったといっていいのだろうか。

もしそうだとすれば、実習実証を重んじ、コンパニオンシップを継承した質実主義エートスの学風は、忘れ去られてしまったのだろうか。

勿論学内世論がすべて原、林の立場に立って、一様化していたわけではない。一例をあげよう。京都大学の学生運動は滝川教授休職処分決定（三三年、昭和八年五月二六日）以前から、同法学部学生を中心として始まっていた。それはたちまち全国の国公私立の大学に広がり、東北大学生の代表による「大学自由擁護聯盟」の結成が提案された。中央大学では学生が、それにメッセージをよせ、同年七月一日には本郷の仏教青年会館で、その結成大会が開かれた。そこに京大、法政、東大、明治等一六校一三四人が集まったが、その中に当時法学部学生だった小林進（戦後の社会党代議士）を含む九人の中大生が参加していた。同聯盟の正式の代表者は、中大以下一一校の三〇名であった。(45)

学外ではジャーナリストとして活躍していた長谷川如是閑は、問題が起こるや、ただちに「学問の独立」、「大学の自治」を掲げて、論陣をはった。「産業の段階の進展するに従って、市民国家の統制がその初期の自由主義組織が独裁的の形態をとることとなったので、各国とも大学に対する国家統制が反動的に強硬となった」(46)と、事件の背景を広い視野に立って述べている。それは長谷川がその生涯で最もラジカルに活動した時期でもあったのである。(47)

以上の諸点を総括すれば、次のようにいえるのではなかろうか。

即ち第一及び第二の国家的統制とこれを協力する大学当局の体制に対して第三の立場が存在したことは、この昭和初年に、中央大学の学風が大きな曲がり角にきていたことを示すものではないか。つまり、戦時下の原、林学長期における学風と、増島、長谷川らの目指し、期待してきた学風との相違は、次第に広がり、互いに相容れないところにまで進んだ結果、大久保氏のいうように両者の背離が生じた。それとともに注目すべきは、大学内外で学生運動のめざした方向に、国家権力からの「超然独立」という「建学」の初心が再生されるきざしがあったということであろう。

更に又この時期には大学昇格以来、その経営と教学の一体化が崩れて、近代的な分化が進み、両者の統一的な存在だった学長の位置づけも変化した。(48)経営（理事会）を代表しながら教学（教授会）も代表することは、困難になった。したがって歴史的に形成されてきた全学的な気風としての学風が、学長の信条や教育方針によって左右されることは少なくなってきた。にもかかわらず長谷川のいう通り「大学に対する国家統制が反動的に強硬と」なってきた戦時下において、却ってその時流にのって、学風自体もそれにすりあわせてスローガン化し、それを変質させる可能性も生まれてきた。戦争中の林学長はそのような状況にあった。

第四節　戦後期昭和時代中期　林頼三郎総長時代（一九五二―五八年）及び以後

林は戦争中に九年、教職追放解除後その逝去に至るまでの七年あわせて一六年間、教学の首長をつとめ、戦後は理事長も兼任した。母校出身で、司法三長官すべてを歴任したという輝かしい経歴は、刑法学の泰斗であり、アカデミックな実績をもつ博士であり教授であったこと以上に期待された。その上で「知行合一の人格者」(49)としてカリスマ化されるとともに、中央大学の学風のみならず、その自治の歴史にも重要な影響を与えたことは、やはり否定できない。

一九三三（昭和八）年に原学長の後を継いだ林は、早速「創立以来」の「本学の主義精神」又は「本学の校風」として、第一「質実剛健」、第二に「自主的の信念」、第三に「家族的情味」を掲げた。ここでまず見逃せないのは、「自主的の信念」の内容である。それはみだりに外来思想を模倣せず、物質主義個人主義を排し、精神主義国家主義全体主義を採るとし、とりわけデモクラシー思想に対しては、「本学関係者は毅然として国体国風を重んじ、精神主義国家主義を堅持」し「毫もこれに侵さるることなく、我邦固有の日本精神の昂揚につとめ来たった」ことが「我大学の伝統的精神とする所であ」(50)るとしたことである。建学以来の実習実証を重んずる伝統的学風は、評価も位置づけもしないばかりか、それを精神主義、日本精神によっておきかえたといわねばならない。

戦後の民主主義改革は、政治、経済、文化、教育、労働運動等の広範な分野に及んだが、とりわけ前近代的な家族制度や、封建的な慣行に対する批判は厳しかった。大学教育制度や、その運営も例外ではなかった。とくに新制大学の発足期には、これまでの経営と教学の一体化状況を、近代化民主化する過程でさまざまな紆余曲折があり、混乱も生じた。

そこで改めてこれらの状況を含めて、林流の学風再建について検討しよう。五三年一月林は、中央大学の新しい将来方針として、信条三原則を掲げた。(51) 次に述べるようにその内容は、時代の混乱を反映するかのように矛盾していた。

第一に学風の顕揚として、戦時中と同じように「質実剛健」とともに「家族的情味」をあげ、第二に新たに「積極的進取の方針」をとりあげ、第三にはかつての自主的の精神のかわりに「民主的運営」を掲げたのである。

ここで問われるべきは、もちろん再登場した林が、前述の戦時中に掲げた三箇条の「創立以来の本学の主義精神」を、如何に再編しようとしたか、であろう。

なるほど「質実剛健」と「家族的情味」は、標語として親近性はあるが、この二つの標語をあわせると、第三の民主的運営とは、必ずしも相いれるものとはいえなかった。さすがにこの古めかしい標語については「時世の進展に順応して、現代に活かして一層その発展を期す」とことわってはいた。しかし一方戦時中の「自主的の信念」(52) では、外来思想に対抗して、精神主義や国家主義の堅持を学風としたが、戦後のこの「民主的経営」への切り替えは、まことに見事な「君子豹変」(53) であった。

だが残念なことにこの林の君子豹変は破綻した。なによりその民主的経営の実現を、自ら閉ざしていたことであろう。最も象徴的なことは、当時経営の近代化と教学の民主化を要求する教職員の動向や、とりわけその組合結成に対して、きわめて抑圧的であったことである。(54) 林の退任後、教員組合の結成運動に対して、当時の一理事が「教員組合は本学の伝統たる『質実剛健』『家族的情味』に反する」と述べたというが、それは恐らく生前の林の真意を代弁しているのではなかろうか。(55)

また慎重主義のあまり、「石橋を叩いても、渡らない」と評されたように[56]、岡野学長流にコンパニオンシップを疎外した[57]「質実剛健」的経営、教学方針を引き継いだことも、第二の積極的進取の精神とはほど遠かったといわざるを得ない。つまり林総長はその信条三原則によって教学体制を含めた大学運営に、家父長的秩序をもたらしたことは否定できない。ただその在任時代に、これらの信条自体の矛盾が表面化することがなかったのは、その「ワンマン的指導」[58]や、それを支えたカリスマ的な影響力によるものであったといえるであろう。

ともあれ、それは林の総長退陣とともに、徐々に学風としての「家族的情味」の意義も色あせてゆき、さらに標語としては抹消するほかはなかったことでも明らかであろう。たとえば前記の建学の精神に関する公式的記録[59]に、質実剛健に関しては「地味にして堅実」といった表現で、不十分ながらその現代的意義付けはあっても、家族的情味には全く述べていないのはその為であろう。もしあえて「家族的情味」をとりあげるならば、それは公式記録にあげたカンパニイ精神であり、本稿で指摘してきたコンパニオンシップとでも表現すべきであろう。

林と殆ど同じ世代の同窓生の長谷川如是閑は、林追悼文の中で「林総長は、（中略）『質実剛健』とか『家族的情味』とかいう、極めて地味な、むしろ保守的な標語以外には仰々しい表看板を掲げることもせずに、全体の一致協力を得たのは総長その人の人格の力という他ない」と述べた[60]。先に述べた林の君子豹変の真実を、長谷川は気づいていたか、否か、は別として、ほぼ正鵠を射た評言と思うが、ただ「保守的な標語以外には仰々しい表看板を掲げることもせずに」とした個所は、「保守的な標語を掲げたにも関わらず」といった方が当たっているように思われる。このような建て前と実際の矛盾は、いかに総長林の人格と信望によってカバーされようが、現実の破綻はさけることはできなかった。

また長谷川は、校風と林総長について「英吉利法律学校いらい、本学の校風には一種の特色があった。それは学生が学問以外にあまり氣をちらさないといった、極めて地味な特徴で、世間の注意を引くようなものではないが、それは校風としてむしろ尊ぶべきものであった。（中略）本学がそういう地味な目だたない校風を失わずに今日に及んでいるのは、その校風と同じように地味で目立たない総長その人の人格の力のように思われる。（中略）総長という地位は才能よりは人格によって保たれるものであることは世界的事実だが、林総長はその点でまことに理想に近い総長だった。」と賞賛してはいるが、一方では「地味な校風」については次のように締めくくっている。

即ち「中央大学も総合大学のかたちで、複雑な組織になっているが、そういう組織になったのは比較的近くのことで、大学としての生命も欧米のそれにくらべると七十年ぐらいではむしろ短いくらいで、まだいわゆる一個の大学としての独自の伝統をもちうるようには育っていないはずである。しかしその伝統を正しく育てるということに、学問以上の関心をもつことができないと、大学として恥しくない歴史を持つように発展しえないはずである。（中略）「規則や訓辞や指令や、そんなものにたよらず、そんなものが一つもなくとも、英吉利法律学校の校風が育ってきたように、今後もその地味な、言葉ではいえない、校風を伝統として、もちつづけ発展させていくことが願わしい。」[61]（傍点筆者）

長谷川の「地味な校風」を育てることに「学問以上の関心をもつ」という主張には、教職員学生はじめ卒業生も含めた全学的な課題であり、何も総長学長個人だけの問題ではない、という寓意があるように思う。言い換えれば、古風な人格者総長の時代は終わった、という決別宣言である。とすれば私見では創立当初の質実主義エートスであり、その時代的展開であるコンパニオンシップこそが、「学問以上の関心をもつ」べき建学の精神であり、その昂揚は地味な校風の新しい発展につながると思われる。

結び――現代における「建学の精神と学風」

建学の精神や、学風または校風は、それぞれニュアンスは異なるとはいえ、いずれもそれぞれの大学の歴史的性格や、現代的特質を示すものである。したがってその形成についての総長の役割は無視できないが、その実態は慎重かつ歴史的に評価しなければならない。むしろ学風とはどのように作られてくるものか、建学の原点にかえって検討し、かつその歴史的性格を把握することこそ、この際一層必要であろう。

中央大学の場合、そのような検討なしに林時代の二大標語を掲げれば、大学の学風としては時代遅れとしか理解されず、建学の精神の現代的な意義を見失ってしまう。これまでみてきたように、創立者たちの質実主義エートス、カンパニー精神こそ、建学の精神の核心であり、彼らの初心であった。

今日公式的な記録上、中央大学の「建学の精神」としては、「地味にして堅実、自由にして批判的な研究・教育活動」とともに、「カンパニー精神」をあげている。(62) このカンパニー精神とは、以上のような増島六一郎以下の共同創立者に共通したボランティア的な仲間意識つまりコンパニオンシップに原点をもつものであった。このことはほぼ同時期につぎつぎに創建された主要な他の大学、例えば早稲田、慶応、同志社、又は明治、法政、専修等の場合とそれほどの相違はなかった。ただこれらの諸大学の場合、その建学は一人乃至は数人の創立者、又は共同創立者によるものであったことや、創立者一人の際だった個性が強く反映したこともあって、いずれの大学でも質実の精神や剛健の気風は、学風としては掲げられなかった。

これに対して中央大学はさまざまな立場や、志向をもっていた一八人もの法学青年たちが、建学のために結集した。

したがって、なによりもカンパニー精神を必要とせざるえなかったであろう。さらに繰り返すようだが「装飾なき学校なり」といわれることに、寧ろ誇りに感じた創立期の雰囲気[63]をそれに重ね合わせるならば、自ずからユニークな「質実主義エートス」の学風が形成されていったとみることができよう。

この点が、他校の建学の精神とは、ひと味ちがった中央大学の建学以来の学風たる所以である。後にこれを曲解して「質実剛健」の標語を与えたが、それは長谷川如是閑もいうように創立後七〇年足らずの学風形成には早熟の時期のことであった。しかも大学の組織が、近代化する以前のいわば単細胞的な組織の時代の産物であった[64]。この標語をもって創立以来の伝統的学風とすることはできないのは当然である。

とすれば学風とは卒業生も含めて全学的な気風であり、建学以来歴史的に規定されながら、将来に向かって発展する可能性をもっているとしなければならない[65]。したがって建学の精神については「質実剛健」をさけて遠ざけるのではなく、その歴史的性格を検討することによって改めて評価すべきである。本稿は、それを試みた私案である。誤解をおそれず要約すれば次の如くである。中央大学の復権さるべき今日の学風とは「コンパニオンシップに貫かれた質実主義エートス」といえるのではなかろうか。

（1）土方直史「建学の精神―その復権のために―」㈠（『中央評論』一七六号一九八六年六月）
（2）例えば『早稲田大学百年史』第一巻第一五章「早稲田学風を顧みる」（早稲田大学　一九七八年）参照。
（3）小学館『日本国語大辞典』第二巻（日本大辞典刊行会編一九七八年）
（4）本書第二部第三章
（5）英吉利法律学校設置広告（『郵便報知新聞』付録三七三一号　一八八五年七月二〇日付）、『中央大学百年史』通史編上巻九八頁（中央大学百年史編纂委員会専門委員会編　二〇〇一年三月）

(6)「英吉利法律学校開校式の景況」（『明法志林』一〇五号明治一八年一〇月一日）
(7)「開校式」（『朝野新聞』一八八五年九月二二日付）
(8)管見の所では、この点に注目したのは注(1)の土方直史「建学の精神―その復権のために―」(二)八二頁（『中央評論』一七七号一九八六年一〇月）だけに止まる。
(9)中西又三「『質実剛健』に関する一考察」（『教育・研究』中央大学付属高等学校一九九八年一二月）
(10)『中央大学二十年史』一六―七頁（川島仟司他編　法学新報社　一九〇五年一一月）、『中央大学三十年史』一〇―一一頁、（天野徳也編　法学新報社　一九一五年一一月）
(11)以下この項については、注記のない限り典拠史料は、『中央大学百年史』通史編上巻一一〇―五一頁（中央大学百年史編纂委員会専門委員会編　二〇〇一年三月）による。
(12)当時五大法律学校（専修、法政、早稲田、明治及び中央の諸大学の前身校）ではすべて同様であったとみられる。東京三田に移転したばかりの慶應義塾の福沢諭吉の塾運営は、経営と教学の統括の典型であった。
(13)注(1)土方論文、松崎彰「英吉利法律学校原書科の設置」一、二（タイムトラベル四六、四七『中央大学学員時報』三〇九、三一〇・一九九三年五月二五日、同六月二五日）、『中央大学百年史』通史編上巻二二〇頁
(14)前掲注(13)松崎彰「英吉利法律学校原書科の設置」二、『中央大学百年史』通史編上巻二〇七頁以下参照
(15)増島六一郎『醒めよ国民』六九頁（教化的国民社　一九二六年四月）
(16)前掲『中央大学百年史』通史編上巻二二六―八頁
(17)中央大学百年史編纂委員会編『図説中央大学』二八頁（中央大学一九八五年九月）
(18)中央大学百年史編纂委員会専門委員会編『中央大学史資料集』第三集三七九頁（中央大学広報部大学史編纂課　一九八八年一一月）
(19)沼正也「人間関係からみた初期中央大学史の数コマ」一二（『中央キャンパス』一六一号一九八九年一月一〇日付）
(20)『中央大学史資料集』第六、九集及び第一一集解題三八七―九四頁（中央大学広報部大学史編纂課編　一九九二年三月）
(21)前掲『中央大学百年史』通史編上巻三二一―三頁
(22)新井要太郎『菊池先生伝』（著者本人発行。一九三八年六月）

(23) 前掲『中央大学百年史』通史編上巻三四二―三頁
(24) 奥田学長は就任後七ヶ月で、文部大臣就任のため一端辞任し、その再任までの間は岡村輝彦学長時代（約一年三ヶ月）である。この間に「奥田裁定」があった。
(25) 注(19)に同じ
(26) 本書第一部第一章第一節2
(27) 後述第三節章参照
(28) 奥田義人「質実剛健の校風」（『法学新報』二四―八　一九一四年八月）
(29) 天野徳也「法学新報史」（『中央大学学報』七―五　一九三四年一〇月）
(30) 岡野敬次郎「卒業生諸子を送る」（『法学新報』二八―一〇　一九一八年一〇月）
(31) 同前「我校風」（『法学新報』三〇―五　一九二〇年四月）
(32) 前掲『中央大学百年史』通史編上巻三七六―九〇頁
(33) 同前　三四三頁
(34) 天野徳也「往時を追想して」（『中央大学学報』一六―三　一九五三年五月）
(35) 中央大学（代表赤松治部）編『中央大学誌』一―二頁（中央大学　一九三五年一一月）
(36) 座談会記録「大久保次夫氏に聞く中央大学史編纂の思い出」（『中央大学史紀要』第一号　一九八九年三月）
(37) 同前座談会記録　九八―九頁
(38) 前掲『中央大学百年史』通史編下巻　五三―一四七頁（中央大学百年史編纂委員会専門委員会編　二〇〇三年一一月）
(39) 警視総監藤沼庄平「学生生徒ノ風紀取締ニ関スル件」前掲『中央大学史資料集』第一〇集　一九四頁（一九九二年）
(40) 前掲『中央大学百年史』通史編下巻　六〇―一頁、前掲『中央大学史資料集』第一〇集　一九二頁
(41) 「中央大学学長原嘉道書簡」昭和九年九月一日付　警視総監藤沼庄平宛　同前『中央大学史資料集』第一〇集　一九六頁
(42) 同前注(39)、(40)、(41)参照
(43) 松尾尊兊『滝川事件』（岩波現代文庫　二〇〇五年一月）、及び本書第一部第一章第二節参照
(44) 同前　松尾著書　七三―九頁

(45) 同前　松尾著書　二二一頁
(46)「現段階における学問の独立」『帝国大学新聞』一九三三年五月二五日付
(47)『長谷川如是閑―人・時代・思想と著作目録―』（同著作目録編纂委員会編）第一部一一一頁、第三部五三―四頁（中央大学一九八五年）
(48) この点については、中央大学研究教育問題審議会『中央大学における大学改革の歩み』（中央大学　一九八一年一〇月）参照。その六頁には「林総長在任中は、（中略）教授会は、なお、理事会の意志伝達機関という性格を払拭しきれるものではなかった」と総括している。このいわゆる「林体制」下の経営と教学の実態については、前掲『中央大学百年史』通史編下巻　第一一第五節も参照されたい。
(49) 浜田国松「送迎の辞」（『中央大学学報』一一―二　一九三八年七月）
(50) 林頼三郎「訓辞」（『中央大学学報』一一―一　一九三八年五月）
(51) 林頼三郎「大学の現在並びに将来について」（『中央大学学報』一六―一　一九五三年一月）なお風間康紀「『質実剛健』の校風」（タイムトラベル中大百年（一三〇）『中央大学学員時報』三九八号　二〇〇一年六月）中川寿之「『自主的の信念』と『家族的情味』の登場」（同上（一三九）『中央大学学員時報』四〇二号　二〇〇二年四月）参照
(52) 林頼三郎「民主主義と裁判」（『中央大学学報』一七―一一　一九五四年一一月）
(53) 守屋善輝「君子豹変」（『法学新報』六六―五　一九五九年五月）
(54) 前掲『中央大学百年史』通史編下巻　四九二―四頁、及び中央大学研究教育問題審議会『中央大学における大学改革の歩み』（中央大学　一九八一年一〇月）
(55)「大学当局者を訪ねるの記」一五一頁（『中央大学教員組合十年史資料』同組合十年史編集委員会編　一九七二年四月）
(56) 戸田修三「私立大学の直面する課題」（『中央大学のさらなる改革に向けて』その二　中央大学教員組合　一九八三年一二）
(57) 注(48)前掲『中央大学百年史』通史編下巻第一一第五節
(58) 升本喜兵衛「半世紀の回顧」（『中央大学学報』二八―五　一九六〇年一〇月）
(59) 矢沢酉二他編『建学の精神』（社団法人日本私立大学連盟、一九七九年七月）

(60) 長谷川如是閑「故林総長を悼む」(『中央大学学報』二一―四　一九五八年七月)
(61) 同上談話「地道な校風を育てる」(『中央大学新聞』四九八号　一九五八年五月一五日付)
(62) 注(59)参照
(63) 注(10)参照
(64) 戦前財団法人時代（林学長時代まで）には「大学の経営は理事が行うものである」ことが、「あまりにも広く解され」たために、「講座」や教員の決定などの教学事項も、理事が決めるといったことが当然とされた。このような教授会のない状態が、林体制の下でも続いていた。注(53)守屋「君子豹変」及び第三章注(25)。
(65) 現校歌の歌詞の一節から、質実剛健と質実主義エートスの相違を考えてみよう。その二番は、次の通りである。

よしや風は荒ぶとて
揺るがぬ意気ぞいや昂く
春の驕奢の花ならで
みのりの秋やめざすらむ
学びの園こそ豊かなれ

（修正私案）「春の嵐に花たえて」
（後略）

ここを歌うとき「ナニもそう実りの秋ばかり目ざさないで、春の花をたたえてもいいじゃないか。おごりの花、それこそ青春の象徴だろう。花あればこそ、ゆたかな実も結ぶのだ」「ここはこうまで」「質実剛健」「を貫かずに、もう少し夢とあこがれのある詩句だったらナ、と惜しむ」と述べたのは、元中央大学教授であった（猪間驥一著『なつかしい歌の物語』七二頁　一九六七年七月　音楽の友社）。尤もな感想である。学風とはもともと精神論的要素は濃いものだが、校歌とはいえ、又言葉の綾とはいえ、「春の驕奢の花ならで」とまでいうのは、いいすぎではないか。のみならず、まさに学風の実態からも離れている。本稿に述べたように奥田学長以来の学風「質実主義」エートスは、いささか苦肉の表現だとしても、花も実りもめざしているからである。修正の私案を上に掲げたのは、前二句の「風は荒ぶ」、「揺るがぬ意気」とのバランスもいいからでもあるが、拙論の主旨をより明確に示したいからであり、修正それ自体が目的ではない。

あとがき

本書の構成上からいえば、第一章から第四章まで、すべて公表順である。

内容についてみると、最初に「帝国大学」をはじめとして、国立大学の総長制の制度の成立と、その歴史をとりあげた（第一章）。

これをうけて次に私立大学（第二次大戦以前と以後の、総長制にかかわる大学を一六校を対象とする）の制度と実態を比較検討した。その際、学校法人と教学とのあり方を分析した結果、その接点に立つ総長制に、国立大学の場合と異なる三つのタイプがみられること、及びそこに介在する私立大学の教学の条件と、大学自治の問題点を提起することになった（第二章）。

ついでこの問題提起の上にたって、個別私立大学の具体例に中央大学の総長制をあげ、その創立以来今日に至る約一二〇年間の歴史における校長、院長、学長、総長等の制度や、役割の実態を追求した（第三章）。

最後の第四章では、同じく中央大学の学風の形成について、前章にならって、歴代の校長、学長、総長の代毎にこれを考察した。

創立期中央大学のいわゆる建学の精神には、独自なものがあったことはいうまでもない。若い法学者一八人が、糾合して発足したこと自体がその精神をあらわしていた。それらが学風の骨格を形成するためには、永い年月を必要としたが、その間それぞれの代の教学の長が、如何にこれにかかわったか、をこの章で問題とする。とくに総長自身が、そのおかれた制度や、慣行をのりこえて発揮する人格的教育的な影響力は、これを無視できない。従って総長制を多角的に把握するため、このような側面の考察も必要ではないか。

以上四つの章についての構成と内容を記したが、各論文の成稿初出順と、本書組立ての順序からみれば、「起」の第一章国立大学で提起し、これを「承」けた第二章の私立大学、さらに「転」じて第三章中央大学に焦点をあて、「結」の第四章は現代に至る制度・慣行と総長問題を取り上げる、ということになった。勿論最終の第四章は、全体を結ぶには至っていない。ただ、前の三つの章のすべてにわたって取り残してきた問題を、補完する形になった。それを意識して行ったわけではないのに、ようやく書物としての体裁になった。

他方また、以上のような本書研究の私の初心は、たとえば世阿弥のいう「若年の初心」から、「時々の初心」を経て「老後の初心」に至る道に、通じているか、どうか。まさに「初心を忘るべからず」であろう。改めて読み直して、忸怩たる思いである。

本書は、二〇〇七年度中央大学学術図書出版助成によるものである。ここに記して、関係各位に対して、お礼を申し上げたい。

二〇〇七年二月十日

島田次郎

成稿初出一覧

第一章　国立大学の総長制【原題「私立大学の『総長』制度について(一)(二)」】
『中央大学史紀要』第七号　一九九六年三月二四日、同第八号　一九九七年三月二五日（いずれも中央大学百年史編集委員会専門委員会編集、中央大学広報部大学史編纂課発行）

第二章　私立大学の総長・学長の地位と権限【原題　同前(三)】
『中央大学経済研究所年報』第三五号　二〇〇五年五月一八日（同上研究所編纂発行）

第三章　学校法人大学における総長制の歴史と現状【原題同前(三)】
『中央大学経済研究所年報』第三五号　二〇〇五年五月一八日（同上研究所編纂発行）

第四章　建学の精神と学風――中央大学における「質実主義エートス」――【原題に同じ】
『中央大学経済学部一〇〇周年記念論文集』二〇〇五年一〇月二二日（中央大学経済学部発行）

著者略歴

一九二四年　東京都に生まれる
一九五〇年　東京文理科大学史学科国史学専攻卒業
現　　在　中央大学名誉教授

主要編著書

『日本中世村落史の研究』（編著　吉川弘文館　一九六六年）
『日本中世の領主制と村落』上、下巻（吉川弘文館　一九八六年）
『荘園制と中世村落』（吉川弘文館　二〇〇一年）

二〇〇七年六月二一日　初版第一刷発行

日本の大学総長制

著　者　島《しま》田《だ》次《じ》郎《ろう》
発行者　福田孝志
発行所　中央大学出版部
東京都八王子市東中野七四二番地一
電　話　〇四二（六七四）二三五一
FAX　〇四二（六七四）二三五四

印　刷　株式会社　大森印刷
製　本　大日本法令印刷製本

ISBN978-4-8057-6166-3
本書の出版は中央大学学術図書出版助成規程による。

索　　引

［き］

［さ］

［し］

[す]

[せ]

[そ]

［た］

［ち］

［つ］

［て］

［と］

［な］

［に］

［は］